中华优秀传统文化在现代管理中的创造性转化与创新性发展工程
"中华优秀传统文化与现代管理融合"丛书

调查研究的古今智慧

蔡长运 ◎ 著

企业管理出版社

图书在版编目（CIP）数据

调查研究的古今智慧 / 蔡长运著. -- 北京 : 企业管理出版社，2024. 12. --（"中华优秀传统文化与现代管理融合"丛书）. -- ISBN 978-7-5164-3226-6

Ⅰ．C31

中国国家版本馆CIP数据核字第20256F49C5号

书　　名：	调查研究的古今智慧
书　　号：	ISBN 978-7-5164-3226-6
作　　者：	蔡长运
责任编辑：	张　丽　耳海燕
特约设计：	李晶晶
出版发行：	企业管理出版社
经　　销：	新华书店
地　　址：	北京市海淀区紫竹院南路17号　邮　编：100048
网　　址：	www.emph.cn　电子信箱：1624620884@qq.com
电　　话：	编辑部（010）68416775　发行部（010）68417763　68414644
印　　刷：	北京联兴盛业印刷股份有限公司
版　　次：	2025年1月第1版
印　　次：	2025年1月第1次印刷
开　　本：	710mm×1000mm　1/16
印　　张：	14.25
字　　数：	180千字
定　　价：	78.00元

版权所有　翻印必究·印装有误　负责调换

编 委 会

主　任： 朱宏任　中国企业联合会、中国企业家协会党委书记、常务副会长兼秘书长

副主任： 刘　鹏　中国企业联合会、中国企业家协会党委委员、副秘书长
　　　　　孙庆生　《企业家》杂志主编

委　员：（按姓氏笔画排序）

丁荣贵　山东大学管理学院院长，国际项目管理协会副主席
马文军　山东女子学院工商管理学院教授
马德卫　山东国程置业有限公司董事长
王　伟　华北电力大学马克思主义学院院长、教授
王　庆　天津商业大学管理学院院长、教授
王文彬　中共团风县委平安办副主任
王心娟　山东理工大学管理学院教授
王仕斌　企业管理出版社副社长
王西胜　广东省蓝态幸福文化公益基金会学术委员会委员，菏泽市第十五届政协委员
王茂兴　寿光市政协原主席、关工委主任
王学秀　南开大学商学院现代管理研究所副所长
王建军　中国企业联合会企业文化工作部主任
王建斌　西安建正置业有限公司总经理
王俊清　大连理工大学财务部长
王新刚　中南财经政法大学工商管理学院教授
毛先华　江西大有科技有限公司创始人
方　军　安徽财经大学文学院院长、教授
邓汉成　万载诚济医院董事长兼院长

冯彦明	中央民族大学经济学院教授
巩见刚	大连理工大学公共管理学院副教授
毕建欣	宁波财经学院金融与信息学院金融工程系主任
吕　力	扬州大学商学院教授，扬州大学新工商文明与中国传统文化研究中心主任
刘文锦	宁夏民生房地产开发有限公司董事长
刘鹏凯	江苏黑松林粘合剂厂有限公司董事长
齐善鸿	南开大学商学院教授
江端预	株洲千金药业股份有限公司原党委书记、董事长
严家明	中国商业文化研究会范蠡文化研究分会执行会长兼秘书长
苏　勇	复旦大学管理学院教授，复旦大学东方管理研究院创始院长
李小虎	佛山市法萨建材有限公司董事长
李文明	江西财经大学工商管理学院教授
李景春	山西天元集团创始人
李曦辉	中央民族大学管理学院教授
吴通福	江西财经大学中国管理思想研究院教授
吴照云	江西财经大学原副校长、教授
吴满辉	广东鑫风风机有限公司董事长
余来明	武汉大学中国传统文化研究中心副主任
辛　杰	山东大学管理学院教授
张　华	广东省蓝态幸福文化公益基金会理事长
张卫东	太原学院管理系主任、教授
张正明	广州市伟正金属构件有限公司董事长
张守刚	江西财经大学工商管理学院市场营销系副主任
陈　中	扬州大学商学院副教授
陈　静	企业管理出版社社长兼总编辑
陈晓霞	孟子研究院党委书记、院长、研究员
范立方	广东省蓝态幸福文化公益基金会秘书长

范希春	中国商业文化研究会中华优秀传统文化传承发展分会专家委员会专家
林 嵩	中央财经大学商学院院长、教授
罗 敏	英德华粤艺术学校校长
周卫中	中央财经大学中国企业研究中心主任、商学院教授
周文生	范蠡文化研究（中国）联会秘书长，苏州干部学院特聘教授
郑俊飞	广州穗华口腔医院总裁
郑济洲	福建省委党校科学社会主义与政治学教研部副主任
赵德存	山东鲁泰建材科技集团有限公司党委书记、董事长
胡国栋	东北财经大学工商管理学院教授，中国管理思想研究院院长
胡海波	江西财经大学工商管理学院院长、教授
战 伟	广州叁谷文化传媒有限公司CEO
钟 尉	江西财经大学工商管理学院讲师、系支部书记
宫玉振	北京大学国家发展研究院发树讲席教授、BiMBA商学院副院长兼EMBA学术主任
姚咏梅	《企业家》杂志社企业文化研究中心主任
莫林虎	中央财经大学文化与传媒学院学术委员会副主任、教授
贾旭东	兰州大学管理学院教授，"中国管理50人"成员
贾利军	华东师范大学经济与管理学院教授
晁 罡	华南理工大学工商管理学院教授、CSR研究中心主任
倪 春	江苏先锋党建研究院院长
徐立国	西安交通大学管理学院副教授
殷 雄	中国广核集团专职董事
凌 琳	广州德生智能信息技术有限公司总经理
郭 毅	华东理工大学商学院教授
郭国庆	中国人民大学商学院教授，中国人民大学中国市场营销研究中心主任

唐少清	北京联合大学管理学院教授，中国商业文化研究会企业创新文化分会会长
唐旭诚	嘉兴市新儒商企业创新与发展研究院理事长、执行院长
黄金枝	哈尔滨工程大学经济管理学院副教授
黄海啸	山东大学经济学院副教授，山东大学教育强国研究中心主任
曹振杰	温州商学院副教授
雪　漠	甘肃省作家协会副主席
阎继红	山西省老字号协会会长，太原六味斋实业有限公司董事长
梁　刚	北京邮电大学数字媒体与设计艺术学院副教授
程少川	西安交通大学管理学院副教授
谢佩洪	上海对外经贸大学学位评定委员会副主席，南泰品牌发展研究院首任执行院长、教授
谢泽辉	广东铁杆中医健康管理有限公司总裁
谢振芳	太原城市职业技术学院教授
蔡长运	福建林业技术学院教师，高级工程师
黎红雷	中山大学教授，全国新儒商团体联席会议秘书长
颜世富	上海交通大学东方管理研究中心主任

总编辑： 陈　静

副总编： 王仕斌

编　辑：（按姓氏笔画排序）

于湘怡　尤　颖　田　天　耳海燕　刘玉双　李雪松　杨慧芳
宋可力　张　丽　张　羿　张宝珠　陈　戈　赵喜勤　侯春霞
徐金凤　黄　爽　蒋舒娟　韩天放　解智龙

序 一

以中华优秀传统文化为源　启中国式现代管理新篇

中华优秀传统文化形成于中华民族漫长的历史发展过程中，不断被创造和丰富，不断推陈出新、与时俱进，成为滋养中国式现代化的不竭营养。它包含的丰富哲学思想、价值观念、艺术情趣和科学智慧，是中华民族的宝贵精神矿藏。党的十八大以来，以习近平同志为核心的党中央高度重视中华优秀传统文化的创造性转化和创新性发展。习近平总书记指出"中华优秀传统文化是中华民族的精神命脉，是涵养社会主义核心价值观的重要源泉，也是我们在世界文化激荡中站稳脚跟的坚实根基"。

管理既是人类的一项基本实践活动，也是一个理论研究领域。随着社会的发展，管理在各个领域变得越来越重要。从个体管理到组织管理，从经济管理到政务管理，从作坊管理到企业管理，管理不断被赋予新的意义和充实新的内容。而在历史进程中，一个国家的文化将不可避免地对管理产生巨大的影响，可以说，每一个重要时期的管理方式无不带有深深的文化印记。随着中国步入新时代，在管理领域实施中华优秀传统文化的创造性转化和创新性发展，已经成为一项应用面广、需求量大、题材丰富、潜力巨大的工作，在一些重要领域可能产生重大的理论突破和丰硕的实践成果。

第一，中华优秀传统文化中蕴含着丰富的管理思想。中华优秀传统文化源远流长、博大精深，在管理方面有着极为丰富的内涵等待提炼和转化。比如，儒家倡导"仁政"思想，强调执政者要以仁爱之心实施管理，尤其要注重道德感化与人文关怀。借助这种理念改善企业管理，将会推进构建和谐的组织人际关系，提升员工的忠诚度，增强其归属感。又如，道家的"无为而治"理念延伸到今天的企业管理之中，就是倡导顺应客观规律，避免过度干预，使组织在一种相对宽松自由的环境中实现自我调节与发展，管理者与员工可各安其位、各司其职，充分发挥个体的创造力。再如，法家的"法治"观念启示企业管理要建立健全规章制度，以严谨的体制机制确保组织运行的有序性与规范性，做到赏罚分明，激励员工积极进取。可以明确，中华优秀传统文化为现代管理提供了多元的探索视角与深厚的理论基石。

第二，现代管理越来越重视文化的功能和作用。现代管理是在人类社会工业化进程中产生并发展的科学工具，对人类经济社会发展起到了至关重要的推进作用。自近代西方工业革命前后，现代管理理念与方法不断创造革新，在推动企业从传统的小作坊模式向大规模、高效率的现代化企业，进而向数字化企业转型的过程中，文化的作用被空前强调，由此衍生的企业使命、愿景、价值观成为企业发展最为强劲的内生动力。以文化引导的科学管理，要求不仅要有合理的组织架构设计、生产流程优化等手段，而且要有周密的人力资源规划、奖惩激励机制等方法，这都极大地增强了员工在企业中的归属感并促进员工发挥能动作用，在创造更多的经济价值的同时体现重要的社会价值。以人为本的现代管理之所以在推动产业升级、促进经济增长、提升国际竞争力等方面须臾不可缺少，是因为其体现出企业的使命不仅是获取利润，更要注重社会责任与可持续发展，在环境保护、社会公平等方面发挥积极影响力，推动人类社会向着更加文明、和谐、包容、可持续的方向迈进。今天，管理又面临数字技术的挑战，更加需要更多元的思想基础和文化资源的支持。

第三，中华优秀传统文化与现代管理结合研究具有极强的必要性。随着全球经济一体化进程的加速，文化多元化背景下的管理面临着前所未有的挑战与机遇。一方面，现代管理理论多源于西方，在应用于本土企业与组织时，往往会出现"水土不服"的现象，难以充分契合中国员工与生俱来的文化背景与社会心理。中华优秀传统文化所蕴含的价值观、思维方式与行为准则能够为现代管理面对中国员工时提供本土化的解决方案，使其更具适应性与生命力。另一方面，中华优秀传统文化因其指导性、亲和性、教化性而能够在现代企业中找到新的传承与发展路径，其与现代管理的结合能够为经济与社会注入新的活力，从而实现优秀传统文化在企业管理实践中的创造性转化和创新性发展。这种结合不仅有助于提升中国企业与组织的管理水平，增强文化自信，还能够为世界管理理论贡献独特的中国智慧与中国方案，促进不同文化的交流互鉴与共同发展。

近年来，中国企业在钢铁、建材、石化、高铁、电子、航空航天、新能源汽车等领域通过锻长板、补短板、强弱项，大步迈向全球产业链和价值链的中高端，成果显著。中国企业取得的每一个成就、每一项进步，离不开中国特色现代管理思想、理论、知识、方法的应用与创新。中国特色的现代管理既有"洋为中用"的丰富内容，也与中华优秀传统文化的"古为今用"密不可分。

"中华优秀传统文化与现代管理融合"丛书（以下简称"丛书"）正是在这一时代背景下应运而生的，旨在为中华优秀传统文化与现代管理的深度融合探寻路径、总结经验、提供借鉴，为推动中国特色现代管理事业贡献智慧与力量。

"丛书"汇聚了中国传统文化学者和实践专家双方的力量，尝试从现代管理领域常见、常用的知识、概念角度细分开来，在每个现代管理细分领域，回望追溯中华优秀传统文化中的对应领域，重在通过有强大生命力的思想和智慧精华，以"古今融会贯通"的方式，进行深入研究、探索，以期推出对我国现代管理有更强滋养力和更高使用价值的系列成果。

文化学者的治学之道，往往是深入研究经典文献，挖掘其中蕴含的智慧，并对其进行系统性的整理与理论升华。据此形成的中华优秀传统文化为现代管理提供了深厚的文化底蕴与理论支撑。研究者从浩瀚典籍中梳理出优秀传统文化在不同历史时期的管理实践案例，分析其成功经验与失败教训，为现代管理提供了宝贵的历史借鉴。

实践专家则将传统文化理念应用于实际管理工作中，通过在企业或组织内部开展文化建设、管理模式创新等实践活动，检验传统文化在现代管理中的可行性与有效性，并根据实践反馈不断调整与完善应用方法。他们从企业或组织运营的微观层面出发，为传统文化与现代管理的结合提供了丰富的实践经验与现实案例，使传统文化在现代管理中的应用更具操作性与针对性。

"丛书"涵盖了从传统文化与现代管理理论研究到不同行业、不同

序 一

领域应用实践案例分析等多方面内容，形成了一套较为完整的知识体系。"丛书"不仅是研究成果的结晶，更可看作传播中华优秀传统文化与现代管理理念的重要尝试。还可以将"丛书"看作一座丰富的知识宝库，它全方位、多层次地为广大读者提供了中华优秀传统文化在现代管理中应用与发展的工具包。

可以毫不夸张地说，每一本图书都凝聚着作者的智慧与心血，或是对某一传统管理思想在现代管理语境下的创新性解读，或是对某一行业或领域运用优秀传统文化提升管理效能的深度探索，或是对传统文化与现代管理融合实践中成功案例与经验教训的详细总结。"丛书"通过文字的力量，将传统文化的魅力与现代管理的智慧传递给广大读者。

在未来的发展征程中，我们将持续深入推进中华优秀传统文化在现代管理中的创造性转化和创新性发展工作。我们坚信，在全社会的共同努力下，中华优秀传统文化必将在现代管理的广阔舞台上绽放出更加绚丽多彩的光芒。在中华优秀传统文化与现代管理融合发展的道路上砥砺前行，为实现中华民族伟大复兴的中国梦做出更大的贡献！

是为序。

朱宏任

中国企业联合会、中国企业家协会

党委书记、常务副会长兼秘书长

序 二

文化传承 任重道远

财政部国资预算项目"中华优秀传统文化在现代管理中的创造性转化与创新性发展工程"系列成果——"中华优秀传统文化与现代管理融合"丛书和读者见面了。

一

这是一组可贵的成果,也是一组不够完美的成果。

说她可贵,因为这是大力弘扬中华优秀传统文化(以下简称优秀文化)、提升文化自信、"振民育德"的工作成果。

说她可贵,因为这套丛书汇集了国内该领域一批优秀专家学者的优秀研究成果和一批真心践行优秀文化的企业和社会机构的卓有成效的经验。

说她可贵,因为这套成果是近年来传统文化与现代管理有效融合的规模最大的成果之一。

说她可贵,还因为这个项目得到了财政部、国务院国资委、中国企业联合会等部门的宝贵指导和支持,得到了许多专家学者、企业家等朋友的无私帮助。

说她不够完美，因为学习践行传承发展优秀文化永无止境、永远在进步完善的路上，正如王阳明所讲"善无尽""未有止"。

说她不够完美，因为优秀文化在现代管理的创造性转化与创新性发展中，还需要更多的研究专家、社会力量投入其中。

说她不够完美，还因为在践行优秀文化过程中，很多单位尚处于摸索阶段，且需要更多真心践行优秀文化的个人和组织。

当然，项目结项时间紧、任务重，也是一个逆向推动的因素。

二

2022年，在征求多位管理专家和管理者意见的基础上，我们根据有关文件精神和要求，成立专门领导小组，认真准备，申报国资预算项目"中华优秀传统文化在现代管理中的创造性转化与创新性发展工程"。经过严格的评审筛选，我们荣幸地获准承担该项目的总运作任务。之后，我们就紧锣密鼓地开始了调研工作，走访研究机构和专家，考察践行优秀文化的企业和社会机构，寻找适合承担子项目的专家学者和实践单位。

最初我们的计划是，该项目分成"管理自己""管理他人""管理事务""实践案例"几部分，共由60多个子项目组成；且主要由专家学者的研究成果专著组成，再加上几个实践案例。但是，在调研的初期，我们发现一些新情况，于是基于客观现实，适时做出了调整。

第一，我们知道做好该项目的工作难度，因为我们预想，在优秀文化和现代管理两个领域都有较深造诣并能融会贯通的专家学者不够多。在调研过程中，我们很快发现，实际上这样的专家学者比我们预想的更少。与此同时，我们在广东等地考察调研过程中，发现有一批真心践行优秀文化的企业和社会机构。经过慎重研究，我们决定适当提高践行案例比重，研究专著占比适当降低，但绝对数不一定减少，必要时可加大自有资金投入，支持更多优秀项目。

第二，对于子项目的具体设置，我们不执着于最初的设想，固定甚至限制在一些话题里，而是根据实际"供给方"和"需求方"情况，实事求是地做必要的调整，旨在吸引更多优秀专家、践行者参与项目，支持更多优秀文化与现代管理融合的优秀成果研发和实践案例创作的出版宣传，以利于文化传承发展。

第三，开始阶段，我们主要以推荐的方式选择承担子项目的专家、企业和社会机构。运作一段时间后，考虑到这个项目的重要性和影响力，我们觉得应该面向全社会吸纳优秀专家和机构参与这个项目。在请示有关方面同意后，我们于2023年9月开始公开征集研究人员、研究成果和实践案例，并得到了广泛响应，许多人主动申请参与承担子项目。

三

这个项目从开始就注重社会效益，我们按照有关文件精神，对子项目研发创作提出了不同于一般研究课题的建议，形成了这个项目自身的特点。

（一）重视情怀与担当

我们很重视参与项目的专家和机构在弘扬优秀文化方面的情怀和担当，比如，要求子项目承担人"发心要正，导人向善""充分体现优秀文化'优秀'二字内涵，对传统文化去粗取精、去伪存真"等。这一点与通常的课题项目有明显不同。

（二）子项目内容覆盖面广

一是众多专家学者从不同角度将优秀文化与现代管理有机融合。二是在确保质量的前提下，充分考虑到子项目的代表性和示范效果，聚合了企业、学校、社区、医院、培训机构及有地方政府背景的机构；其他还有民间传统智慧等内容。

（三）研究范式和叙述方式的创新

我们提倡"选择现代管理的一个领域，把与此密切相关的优秀文化高度融合、打成一片，再以现代人喜闻乐见的形式，与选择的现代管理领域实现融会贯通"，在传统文化方面不局限于某人、某家某派、某经典，以避免顾此失彼、支离散乱。尽管在研究范式创新方面的实际效果还不够理想，有的专家甚至不习惯突破既有的研究范式和纯学术叙述方式，但还是有很多子项目在一定程度上实现了研究范式和叙述方式的创新。另外，在创作形式上，我们尽量发挥创作者的才华智慧，不做形式上的硬性要求，不因形式伤害内容。

（四）强调本体意识

"本体观"是中华优秀传统文化的重要标志，相当于王阳明强调的"宗旨"和"头脑"。两千多年来，特别是近现代以来，很多学者在认知优秀文化方面往往失其本体，多在细枝末节上下功夫；于是，著述虽多，有的却如王阳明讲的"不明其本，而徒事其末"。这次很多子项目内容在优秀文化端本清源和体用一源方面有了宝贵的探索。

（五）实践丰富，案例创新

案例部分加强了践行优秀文化带来的生动事例和感人故事，给人以触动和启示。比如，有的地方践行优秀文化后，离婚率、刑事案件大幅度下降；有家房地产开发商，在企业最困难的时候，仍将大部分现金支付给建筑商，说"他们更难"；有的企业上新项目时，首先问的是"这个项目有没有公害？""符不符合国家发展大势？""能不能切实帮到一批人？"；有家民营职业学校，以前不少学生素质不高，后来他们以优秀文化教化学生，收到良好效果，学生素质明显提高，有的家长流着眼泪跟校长道谢："感谢学校救了我们全家！"；等等。

四

调研考察过程也是我们学习总结反省的过程。通过调研，我们学到了许多书本中学不到的东西，收获了满满的启发和感动。同时，我们发现，在学习阐释践行优秀文化上，有些基本问题还需要进一步厘清和重视。试举几点：

（一）"小学"与"大学"

这里的"小学"指的是传统意义上的文字学、音韵学、训诂学等，而"大学"是指"大学之道在明明德"的大学。现在，不少学者特别是文史哲背景的学者，在"小学"范畴苦苦用功，做出了很多学术成果，还需要在"大学"修身悟本上下功夫。陆九渊说："读书固不可不晓文义，然只以晓文义为是，只是儿童之学，须看意旨所在。"又说"血脉不明，沉溺章句何益？"

（二）王道与霸道

霸道更契合现代竞争理念，所以更为今人所看重。商学领域的很多人都偏爱霸道，认为王道是慢功夫、不现实，霸道更功利、见效快。孟子说："仲尼之徒无道桓、文之事者。"（桓、文指的是齐桓公和晋文公，春秋著名两霸）王阳明更说这是"孔门家法"。对于王道和霸道，王阳明在其"拔本塞源论"中有专门论述："三代之衰，王道熄而霸术焻……霸者之徒，窃取先王之近似者，假之于外，以内济其私己之欲，天下靡然而宗之，圣人之道遂以芜塞。相仿相效，日求所以富强之说，倾诈之谋，攻伐之计……既其久也，斗争劫夺，不胜其祸……而霸术亦有所不能行矣。"

其实，霸道思想在工业化以来的西方思想家和学者论著中体现得很多。虽然工业化确实给人类带来了福祉，但是也带来了许多不良后果。联合国《未来契约》（2024年）中指出："我们面临日益严峻、关乎存亡的灾难性风险"。

（三）小人儒与君子儒

在"小人儒与君子儒"方面，其实还是一个是否明白优秀文化的本体问题。陆九渊说："古之所谓小人儒者，亦不过依据末节细行以自律"，而君子儒简单来说是"修身上达"。现在很多真心践行优秀文化的个人和单位做得很好，但也有些人和机构，日常所做不少都还停留在小人儒层面。这些当然非常重要，因为我们在这方面严重缺课，需要好好补课，但是不能局限于或满足于小人儒，要时刻也不能忘了行"君子儒"。不可把小人儒当作优秀文化的究竟内涵，这样会误己误人。

（四）以财发身与以身发财

《大学》讲："仁者以财发身，不仁者以身发财"。以财发身的目的是修身做人，以身发财的目的是逐利。我们看到有的身家亿万的人活得很辛苦、焦虑不安，这在一定意义上讲就是以身发财。我们在调查过程中也发现有的企业家通过学习践行优秀文化，从办企业"焦虑多""压力大"到办企业"有欢喜心"。王阳明说："常快活便是功夫。""有欢喜心"的企业往往员工满足感、幸福感更强，事业也更顺利，因为他们不再贪婪自私甚至损人利己，而是充满善念和爱心，更符合天理，所谓"得道者多助"。

（五）喻义与喻利

子曰："君子喻于义，小人喻于利"。义利关系在传统文化中是一个很重要的话题，也是优秀文化与现代管理融合绕不开的话题。前面讲到的那家开发商，在企业困难的时候，仍坚持把大部分现金支付给建筑商，他们收获的是"做好事，好事来"。相反，在文化传承中，有的机构打着"文化搭台经济唱戏"的幌子，利用人们学习优秀文化的热情，搞媚俗的文化活动赚钱，歪曲了优秀文化的内涵和价值，影响很坏。我们发现，在义利观方面，一是很多情况下把义和利当作对立的两个方面；二是对义利观的认知似乎每况愈下，特别是在西方近代资本主义精神和人性恶假设背景下，对人性恶的利用和鼓励（所谓"私恶即公利"），出现了太多的重利轻义、危害社会的行为，以致产生了联合国《未来契约》中"可持续发展目标的实现岌岌可危"的情况。人类只有树立正确的义利观，才能共同构建人类命运共同体。

（六）笃行与空谈

党的十八大以来，党中央坚持把文化建设摆在治国理政突出位置，全国上下掀起了弘扬中华优秀传统文化的热潮，文化建设在正本清源、守正创新中取得了历史性成就。在大好形势下，有一些个人和机构在真心学习践行优秀文化方面存在不足，他们往往只停留在口头说教、走过场、做表面文章，缺乏真心真实笃行。他们这么做，是对群众学习传承优秀文化的误导，影响不好。

五

文化关乎国本、国运，是一个国家、一个民族发展中最基本、最深沉、最持久的力量。

中华文明源远流长，中华文化博大精深。弘扬中华优秀传统文化任重道远。

"中华优秀传统文化与现代管理融合"丛书的出版，不仅凝聚了子项目承担者的优秀研究成果和实践经验，同事们也付出了很大努力。我们在项目组织运作和编辑出版工作中，仍会存在这样那样的缺点和不足。成绩是我们进一步做好工作的动力，不足是我们今后努力的潜力。真诚期待广大专家学者、企业家、管理者、读者，对我们的工作提出批评指正，帮助我们改进、成长。

企业管理出版社国资预算项目领导小组

前　言

一

调查研究是我们党的传家宝。习近平总书记强调指出，调查研究是谋事之基、成事之道，没有调查就没有发言权，没有调查就没有决策权；正确的决策离不开调查研究，正确的贯彻落实同样也离不开调查研究；调查研究是获得真知灼见的源头活水，是做好工作的基本功；要在全党大兴调查研究之风。

美国管理学家西蒙认为，管理的本质就是决策。如果管理者能够做好调查研究，并在此基础上做出正确的决策，同时工作方法和策略得当，那么即使是非常困难的工作也能够完成；反之，如果调查研究做得不好，那么即使是很简单的工作都有可能完成不好。因此，在做出任何决策之前，企业管理者及时、准确、充分地掌握各种信息就显得尤为重要，而获得信息的最根本办法就是进行调查研究。

尽管我国古人并未明确提出"调查研究"的概念，然而古代的先贤们在进行重大决策时，都极为重视调查研究工作，他们积累的诸多宝贵经验和管理智慧，广泛散布于众多国学典籍之中。例如，在《孙子兵法·谋攻篇》中有这样的表述："知彼知己，百战不殆；不知彼而知己，一胜一负；不知彼不知己，每战必殆。"对于企业管理者而言，若没有调查，就无法了解竞争对手的情况，也无法知晓市场变化的状况，更不可能弄清楚自己企业内部的实际情况。所以，作为企业管理者，没有调查就没有发言权，没有调查就没有决策权，没有调查也没有管理权。

二

笔者长期致力于国学研究，已出版了《用唯物辩证法解析〈道德经〉》《用唯物辩证法解析〈论语〉》等作品。值此企业管理出版社主持"中华优秀传统文化在现代管理中的创造性转化与创新性发展工程"之际，笔者将正在编写的"国学小辞典"系列丛书中与"调查研究"有关的内容提炼出来，并结合现代管理实践进行解读和评析，从而形成了这本《调查研究的古今智慧》。

全书围绕着五个方面，分成二十章逐步展开论述，采用"原文语录+解析"的方式呈现内容，这种方式能够更好地适应那些由于工作繁忙而只能利用碎片时间来阅读和学习的企业家、管理者。同时，中国古代典籍本以语录体居多，采用这种方式既可以让读者零距离接触原典，深刻感受经典的魅力和智慧，又能引发读者对研读经典的浓厚兴趣，促使他们在繁忙的工作或学习之余，从古老的智慧中汲取对现代管理的灵感和启示。

三

记得数年前，笔者与亲戚一起吃饭时，在饭桌上给家里的晚辈讲解了《论语·述而》中"临事而惧,好谋而成"这八个字所包含的人生态度和工作方法。这些晚辈的父母听完后,深感这些古人智慧对自家孩子成长的现实指导价值,开玩笑地对这些晚辈说:"就凭这一段话,你们今天都应交学费!""一言而兴邦""一言而丧邦",国学经典中的很多名句,一个人哪怕只是读懂了其中的一句,也许就能树立起正确的人生观,或领悟一种重要的工作方法,从而对自己的人生产生深远的影响。

本书"解析"中国传统经典中语录共计135条。如果其中的某一条能引起一个读者对经典的兴趣,或某一句话能改变一个学生的人生态度,或某一个典故能使一个企业家的工作方法更合理,或某一段论述能使一个管理者的工作策略更灵活……那都是足以让人感到欣慰的事。

四

中国古代的一些知名政治家、军事家、思想家,也是非常成功的商人,如吕不韦、子贡、范蠡等。虽然他们留下的学说很少涉及如何经商及管理产业——大概对他们来说,如何赚钱只是雕虫小技而已,是术,不是道,但他们有很多管理国家、管理军队、管理下属,以及自我管理的精辟论述,这些管理智慧,可供当代企业家和管理者学习借鉴。

中国古人重视"修身、齐家、治国、平天下",笔者认为,对当代管理者而言,管理工作的内容无疑也包含其中,而且修身、齐家、管企业等方面的能力不是相互孤立的,而是辩证统一、相互联系、相互融通的。一个修身都修不好的人,不可能管理好家庭,也不可能管理好企业;一个不懂社会伦理道德的人,一个不懂人类文化发展方向的人,肯定修养不好自身，自然也管理不好企业。我们有充足的理由相信：一个思想积极向上、人生态度端正、工作方法得当的人，无论是修身、齐家、管企业，都能做得很好。

所以，本书以中国传统文化经典中的语录为总纲，以修身、齐家、管企业、治国、平天下为枝干展开，这些内容不仅适合企业管理者，也适合其他广大读者，大家都可以从中学到古人关于调查研究的方法和智慧，从而助益自身发展、走向成功。

五

笔者认为一本书（一篇文章、一个讲话）最重要的是把握好两个字，一个是"真"，一个是"实"。所谓"真"，就是所写或所讲的必须是真话，一要符合实际，即符合逻辑、有条理，遵循辩证法；二要让人看得懂或听得懂（让人不懂的东西谁也不知它是真还是假）。所谓"实"，就是所写或所讲的能够与人们的生活实践（包括企业管理实践）联系起来，能够在实践中对人们的工作起指导作用，并能指导出成效（通过实践证明其是正确的）。

中国传统文化经典中的文字，如"君子务本，本立而道生""知其雄，守其雌""开天者德生，开人者贼生"，如果只是从字面上直接翻译，无论怎么讲都很难把其内在的意思解释清楚，写出来人们也看不懂。所以，在本书中，笔者秉持"真""实"原则，用"解析"的方式来解读和评析古文，力求能揭示其内在的道理，力求展示这些道理在修身、齐家、管企业等实践中的现实指导意义。

六

  中国传统文化经典浩如烟海，对于这些经典的解读，自古以来都是"仁者见之谓之仁，智者见之谓之智"，一直处于"百花齐放""百家争鸣"的状态。而笔者只是一个机械专业的退休老师，文化素养原本就不深厚，对于传统文化和现代管理的学习与研究又是半路出家，所以，书中难免会出现疏漏和不妥之处，希望读者朋友多提宝贵意见。

目　录

第一篇　为何在做任何决策前必先调查研究　1

第一章　调查研究是获得真知灼见的源头活水　3
第二章　管理者应当一心为"企"　14
第三章　管理者要通过调查研究发挥承上启下作用　21
第四章　管理者要通过调查研究统一人心、协调行动　35

第二篇　如何做好调查研究　43

第五章　要秉持谦虚的态度　45
第六章　要搞清楚理论与实践的辩证关系　56
第七章　要坚持唯物主义的立场　67
第八章　要发扬民主　76

第三篇　如何在调查的基础上做好研究　89

第九章　要善于透过现象看本质　91
第十章　要善于抓主要矛盾和矛盾的主要方面　100
第十一章　要善于从根本上把控好事物的发展方向　106
第十二章　要善于通过调查研究吸取经验教训　113

第四篇　如何在调查研究的基础上做好决策　119

第十三章　要严格按照客观规律来做决策　121

第十四章　要顺应社会的运动趋势来做决策　128

第十五章　要在追求最好结果的同时做最坏打算　138

第十六章　要在做决策时把握好一个"豫"字　145

第五篇　如何在调查研究中用好唯物辩证法　153

第十七章　要善于用对立统一的观点看问题　155

第十八章　要善于用相对的眼光看问题　165

第十九章　要善于用动态的眼光看问题　179

第二十章　要把握好创新与传承的辩证关系　189

第一篇
为何在做任何决策前必先调查研究

调查研究是谋事之基、成事之道。我们先看一些生活中的例子：人在梳洗、穿衣时要用自己的眼睛，并辅以必要的工具（如镜子），深入细致地"调查研究"一番，才能端正自己的仪容，使自己呈现最佳的状态；人在走路或开车时要用自己的眼睛、耳朵，不断地对路面的情况和周围的环境进行"调查研究"，才能沿着正确的路线，安全地前行，最终到达目的地；人处在社会生活中更是要眼观六路、耳听八方，认清自己、看清现实，才能做出正确的决策，使自己的言谈举止合情合理，很好地融入社会。一旦调查研究不足，决策错误，便有可能穿着不当、言语不妥，说错话、走错路，甚至陷入困境。

企业管理也一样。管理者在做任何决策之前，都要广泛收集真实的、可靠的信息，在此基础之上运用正确的思想方法，如遵循一定的伦理、符合一定的逻辑、运用辩证唯物主义的方法论等，看清问题，抓住本质，从而做出正确的决断，进而取得成功。

第一章

调查研究是获得真知灼见的源头活水

调查研究是决策的依据,是发现和解决问题的根本,是一个组织健康运行的基础。任何一个组织都是一个整体,在这个整体的内部有管理者,也有被管理者。管理者要想管好自己的团队,要想做出正确的决策,首先就要做好信息的搜集和分析工作,而这个工作需要各个部门和全体成员配合。管理者要想让自己"看到"的信息是真实可靠的,就需要把自己的姿态放低,甘当小学生,谦虚地听取团队成员的意见和建议,即把被管理者放阳位,而让自己守阴位。同时,管理者做出的任何决策,都得靠全体成员采取行动,才能得到落实,才能取得成功,才能产生实实在在的效果。只有全体成员"上报"的信息是准确的,管理者才能在研究这些信息的基础之上做出正确的决策。决策重在执行,只有全体成员拥护管理者做出的决策,服从管理,团结一心、共同奋斗,这个组织才能取得经营成功。任何一个环节没有做好,经营工作都将面临失败的风险。

——

一、品《周易》："天地交"则"万物通","官""民"交则众志诚

原文

《象》曰：泰，小往大来，吉亨，则是天地交而万物通也，上下交而其志同也。内阳而外阴，内健而外顺，内君子而外小人。君子道长，小人道消也。(《周易·泰》)

解析

《周易》中的泰卦和否卦是一对很有意思的卦。乾在上而坤在下时为"天地不交而万物不通也，上下不交而天下无邦也"的否卦；乾在下而坤在上时为"天地交而万物通也，上下交而其志同也"的泰卦。

"天地交而万物通也"，天与地、阳与阴、乾与坤能够很好地相互配合、相互作用、相互依存、相互促进，因而能够促成万物，使万物兴旺、通达。"上下交而其志同也"，上级与下级、官员与百姓、管理者和被管理者如果能相互沟通、相互信任、相互支持，就可以齐心协力、众志成城、战无不胜。"内阳而外阴"，内卦为乾，很阳刚、很有主见，有着坚定的信念；外卦为坤，外表没有棱角，能灵活变通，适应任何艰难困苦的、复杂的环境。"内健而外顺"，内心有主见，掌握着真理，外在的形态却很恭顺，服从于真理。"内君子而外小人"，内在的思想品德很崇高，就像君子一样，有着对万物、对别人的关爱，外在的表现却与小人没有什么区别，也一样要利用万物、要依靠万物，也一样要合理地参与到与万物的斗争之中去。"君子道长，小人道消也"，因而这个事物能不断地向上向善，而具备君子的品德；能不断地趋于健康、安全、顺利、成功，小人的不好的品德则会慢慢地不断地被克服。这样的事物自

然就能不断地远离灾祸与失败。

乾属阳，象征的是掌握权力的管理者；坤属阴，象征的是被管理者。如果管理者能认真听取被管理者的意见，一切从实际出发，在充分调查研究的基础上做出正确的决策，并调动被管理者的积极性，就能呈现"内阳而外阴，内健而外顺，内君子而外小人"的安泰之象，将来就一定能顺利、安全、成功。如果管理者总是高高在上，看不起被管理者，不深入一线去调查研究，坐在办公室里瞎指挥，就会呈现"内阴而外阳，内柔而外刚，内小人而外君子"的"否"象，其未来就会不断面临危险、灾祸和失败。

二、品《周易》："天地不交"则"万物不通"，"上下不交"则事业必败

■ 原文

《彖》曰：否之匪人，不利君子贞，大往小来，则是天地不交而万物不通也，上下不交而天下无邦也。内阴而外阳，内柔而外刚，内小人而外君子。小人道长，君子道消也。（《周易·否》）

■ 解析

"天地不交而万物不通也"，天与地、上与下、乾与坤、阴与阳相互脱离，不能相互依存、不能相互作用，整个事物的运转就背离了辩证法，整个系统内部的万物就都不能通达，都不能和谐共处，就都不得其所。"上下不交而天下无邦也"，上面与下面、官员与百姓、中央与地方，如果不能相互尊重，充分地沟通信息，和谐统一，天下就像是没

有国家一样。"内阴而外阳,内柔而外刚,内小人而外君子",内心很阴暗、很柔弱,外在却表现得很刚硬、很高调;内心很没有主见,所作所为却很坚决(一条道走到黑);内心非常恶毒,总是想坑害别人,外在却很会甜言蜜语、阿谀奉承。"小人道长,君子道消也",小人的恶劣的品德会慢慢增长起来,而君子的好的品德则会慢慢地消亡,从而日渐堕落。

在企业中,如果管理者不能坚守正道,不懂管理的艺术,与被管理者不能相互信任与充分配合,就不能应对挑战、取得成功。

三、品《贞观政要》:君首臣肱,同心致治

▌原文

臣闻君为元首,臣作股肱,齐契同心,合而成体,体或不备,未有成人。然则首虽尊高,必资手足以成体,君虽明哲,必籍股肱以致治。(《贞观政要·君臣鉴戒》)

▌解析

此话是魏征上疏中关于群臣关系的论述,意思是:我听说国君就像是一个人的头脑,大臣就像是一个人的四肢,只有同心协力地配合起来,才能构成一个人的整体,缺少任何一部分,都不能算是一个完整的人。脑袋虽然高贵重要,但必须有四肢的配合,才能成为一个整体。国君虽然英明,必须依靠大臣的辅佐才能把国家治理好。

在企业管理中,董事长或总经理好比一个人的头脑,核心管理者好比一个人的四肢(普通员工可以比作四肢的肌肤和神经末梢),只有

"头脑"与"四肢"协调配合起来工作，企业这个系统才能正常运转，实现有序发展。董事长或总经理即使很聪明、很睿智，也必须依靠核心管理者的辅助和全体员工的支持，才能把企业管好。

四、品《荀子》：广纳贤言，避免独断

原文

天下国有俊士，世有贤人。迷者不问路，溺者不问遂，亡人好独。《诗》曰："我言维服，勿用为笑。先民有言，询于刍荛。"言博问也。（《荀子·大略》）

解析

天下的每一个国家都有才智出众的人，每个时代都有贤能的人。迷失方向的人，是由于不询问道路；被水淹没的人，是因为不询问可以涉水过河的通道；导致国家灭亡的，是那些喜欢独断专行的君主。《诗经》上说："我所说的是要事，不要以为是开玩笑。古人曾经说过，要向割草砍柴的人请教。"这是说要广泛地询问各方面人员的意见。

这段话告诉我们，管理者要学会放下身段，经常深入一线广泛地调查研究；要以谦虚的态度向员工请教，不论地位高与低，谁掌握真理就要听谁的话。只有这样，才能使自己的决策比较合理，并能得到广大员工的理解和拥护，才能使自己的决策很好地落实下去。还要经常向市场、向顾客做调查（请教），这样才能使自己的产品能更好地满足消费者的需要，才能使自己公司的经营活动更好地适应市场的变化。

五、品《孟子》：与"民"同忧乐，共筑大业

原文

乐民之乐者，民亦乐其乐；忧民之忧者，民亦忧其忧。(《孟子·梁惠王下》)

解析

国君如果以百姓的快乐为快乐，百姓也会以国君的快乐为快乐。国君如果以百姓的忧愁为忧愁，百姓也会以国君的忧愁为忧愁。

在企业管理中，管理者应深入了解员工的需求与情感。管理者积极关注员工的幸福与困扰，努力为员工创造良好的工作环境和发展机会，使员工能在工作中收获成就感与快乐，员工就会将企业的成功视为自己的荣耀，全身心地投入工作，与企业同心同德。反之，如果管理者对员工的喜怒哀乐漠不关心，员工也难以对企业产生强烈的归属感和忠诚度，企业的凝聚力和竞争力必然受到削弱。管理者只有与员工同甘共苦，才能真正赢得员工的信任与支持，实现企业的长远稳定发展。

六、品《孙子兵法》：做好调查研究才能"知彼知己"

原文

知彼知己，百战不殆；不知彼而知己，一胜一负；不知彼不知己，每战必殆。(《孙子兵法·谋攻篇》)

■ 解析

　　既能准确了解敌人的真实情况，又能深刻了解自己的情况，那么任何一次战争都不会有危险，都不会失败。虽然不知道敌人的情况，但能充分认识到自己一方的情况，能正确认识自己一方的优点和缺点，能发挥自己的优点，克服自己的缺点，那么战争胜和负的概率各占百分之五十。如果既不了解敌人，也不了解自己，而盲目地发动战争，那么百分之百都是要失败的。所以，只有做好调查研究才能知彼知己，才能百战不殆。

　　干任何一项工作都一样，既要了解工作对象的情况，又要了解自己的情况。作为企业管理者，既要充分了解公司产品的市场情况、公司竞对手的情况，还要知道公司内部各方面的情况，然后做出的决策才能是合理的。要做到"知彼知己"，除了调查研究，再没有别的办法了。

七、品《淮南子》：借天下之力，成卓越之业

■ 原文

　　人主者，以天下之目视，以天下之耳听，以天下之智虑，以天下之力争。（《淮南子·主术训》）

■ 解析

　　（优秀的）君王，能凭借天下人的眼光去看问题，能借助天下人的耳力去听取（群众的）意见，能发挥天下人的聪明才智去思考问题，能凭借天下人的力量去竞争。

　　发展好的企业往往是既能让消费者满意，又能让自己的员工满意，

还能让投资者、社会、政府等利益相关者满意。因此，作为企业的经营者或管理者，要善于从顾客的视角看问题，善于从广大员工的立场看问题，善于从当时当地的最广大的人民群众的文化、风俗、习惯上来思考问题，同时要在社会当时当地的法律制度的框架内来制定自己的经营政策，开展自己的经营活动。

八、品《淮南子》："不以人易天"真又实，"内不失其情"与物化

原文

故达于道者，不以人易天；外与物化，而内不失其情。(《淮南子·原道训》)

解析

那些得道之人，不会因人欲而改变天性；表面虽与外物一起变化，内心本性却不会改变。

真正懂管理的人，认识世界万物不会从主观判断出发，不会自以为是地拍拍脑袋就做出决策，而总是从客观事实出发，总是能谦虚谨慎、实事求是地通过调查研究去体察客观事物（市场情况、客户情况、自己公司的情况、自己团队成员的想法等对管理者做决策来说，都是"天"），正确认识事物的本质和运动规律（这就是"道"）。真正懂管理的人，认识客观规律不是要超越客观规律，而是要让自己能更好地去适应客观规律，严格按客观规律办事，更好地与周围的人和事和谐相处，使自己身处历史前进的洪流之中能更加安全、顺利，走得更远。真正懂

管理的人，认识客观事物时比别人更虚心，调查研究比别人做得更认真、更深入，认识问题比别人更深刻，同时内心坚定但外表很随和，让人感到很好亲近。

九、品《庄子》："开天者德生"功业成，"开人者贼生"事必败

▎**原文**

不开人之天，而开天之天。开天者德生，开人者贼生。不厌其天，不忽于人，民几乎以其真。（《庄子·外篇·达生》）

▎**解析**

这段话是关尹回答列子问题时所说的，告诉我们这样一个道理：不要开启人心之窍，而要开启天性之门。开启天性之门就会保全自然德行，开启人心之窍就会产生祸害。不满足于涵养天性而持之以恒，不废弃人的本能活动，人们就差不多可以达到返真复朴的境界了。

这段话给管理者的启示是：不要开启个人的智巧以想当然的态度去处理事情，而是要开启天道，要把万物的运动趋势作为自己的前进路线；不要把自己已有的知识和经验作为思考问题、制定决策的依据，而是要以客观事实为依据；不要由着自己的主观想象来办事，而是要严格按客观规律来办事。人所身处的自然环境、社会环境、市场环境就是自己生存的依据，它们的运动规律就是我们所要严格遵循的"道"；人在自己的生存环境中以合理的方式（严格约束自己，尊重其他事物）生活、奋斗，就是一个人的"德"。

十、品《管子》："名实相生"百事治，脱离实际万事乱

▍原文

循名而督实，按实而定名。名实相生，反相为情。名实当则治，不当则乱。(《管子·九守》)

▍解析

这里的"名"指的是名称、概念、理论一类的东西，是人的主观产物；"实"指的是不以人的意志为转移的客观实际。这段话的意思是，研究一个问题，理解一个概念，听取一个意见时，要遵循其"名"来督察它实际的情况；听到了某一个名称，学了某一门理论后要认真去核实，考察它所反映的实际内容，然后才能真正理解其思想内涵。"名""实"互相促进，反过来又互为说明。"名"与"实"如果是相符的，那这个"名"（理论、概念）就可以用来指导我们开展工作。理论如果符合客观实际，人的实践有正确的理论指导，国家就能治理得很好，事业就能成功。如果"名"与"实"不相符，理论如果脱离实际，盲目地开展实践活动，国家就会混乱，事业就会失败。

在管理工作中，管理者首先要清晰界定每个岗位的职责名称，让员工知晓自身"名"之所在，依据这些既定之名，严格督查员工的实际工作表现与成果，确保工作落实到位；同时，要依据员工实际具备的能力、所做出的业绩来合理匹配职位名分，实现"名"与"实"相互促进、动态适配。组织内名实相符，员工各司其职、各展其能，管理便井然有序，决策得以高效执行，团队凝聚力与战斗力大增；反之，名实相悖，职责不清、赏罚不明，必然导致混乱无序，工作推诿扯皮，整体效率低下，阻碍组织的发展进程。

十一、品《墨子》：言必有"三表"（有本原的、有推究的、有实践的）

■原文

有本之者，有原之者，有用之者。于何本之？上本之于古者圣王之事。于何原之？下原察百姓耳目之实。于何用之？废以为刑政，观其中国家百姓人民之利。此所谓言有三表也。（《墨子·非命上》）

■解析

墨子这番话是针对"为政国家者"，搞不清楚为什么不能实现"国家之富，人民之众，刑政之治"这一目标而发的议论。墨子认为这是因为"为政国家者"被主张宿命论的人散布的谬论所迷惑。因此，墨子提出，对言论要用三个标准去衡量，这三个标准就是：有本原的、有推究的、有实践的。如何考察本原？要向上寻求古代圣人们所推行的政策。如何推究呢？要向下去观察百姓的真实生活情形。如何实践呢？要把言论付诸行动，用在处理政事上面，观察它是否符合全国百姓的利益。管理者做决策必须调查研究、实事求是，如何调查研究、实事求是？墨子提出的这三个标准很值得借鉴。

在管理领域，这要求管理者构建多维度的决策依据体系，要积极借鉴过往卓越领导者的管理智慧、经典成功案例，从中汲取经验养分，站在巨人肩膀上规划当下；同时要深入基层，倾听员工与客户的心声，了解实际需求与现实困境，让决策扎根现实土壤；最终落脚点在将所制定的制度、策略切实推行应用，以是否利于组织整体发展、是否惠及员工和服务对象为评判标准，持续优化调整，只有这样才能使管理举措务实有效，推动事业蓬勃向前。

第二章

管理者应当一心为"企"

古人云:"一心可以丧邦,一心可以兴邦,只在公私之间尔。"意思是当政者是否具有公心,关乎国家兴亡。有了公心,可以使国家兴盛;没有公心,一切从私心出发,会使国家灭亡。日本知名企业家稻盛和夫认为,领导者如果具备无私之心,部下就会追随。相反,一个以自我为中心的、时而流露私心的领导者会招人厌恶,部下也不会追随。处于领导岗位的管理者,应深刻领悟其中的管理智慧,在实际工作中不能带着主观成见,自以为是地、高高在上地发号施令,而是要相信并依靠员工,在做决策时,认真做好调查研究工作,虚心听取广大员工的意见,从全局、从实际出发考虑问题。管理者若能心底无私、一心为"企",其所做出的决策、发布的命令,才能得到实实在在的落实。

——

一、品《道德经》:以客户之心为心,关注员工诉求

原文

圣人无常心,以百姓之心为心。(《道德经·第四十九章》)

▎解析

"圣人"在古代文化语境中，通常是指具有超凡智慧和道德境界的人，这里可以理解为理想的统治者。"常心"是指固定不变的想法。这句话是说，圣人没有自己固定不变的意志，而是以百姓的意志作为自己的意志。首先，强调统治者治理国家要以民众的意愿为出发点，例如，在制定政策时，不能只考虑自己或者统治阶层的利益，而是要充分了解百姓希望社会安定、生活富足等愿望。其次，要求统治者要有一种无私的精神，不把自己的个人意志、偏好等强加给百姓。最后，当统治者能够以百姓之心为心时，百姓会感受到自己的意愿被尊重，这样可以增强百姓对统治者的认同感和归属感，有利于社会秩序的维护。

在现代企业管理的实践中也一样。作为管理者，首先，要能以客户之心为心，理解客户需求，例如，要像"圣人"关注百姓需求一样，重视市场调研；在产品设计与开发环节，要以客户需求为导向。其次，要建立多样化的沟通渠道，让员工能够表达自己的想法，这就好比古代圣人倾听百姓心声一样。最后，在制定企业政策和工作流程时，要充分考虑员工的利益和感受。

二、品《尚书》：上天的眼睛就是群众的眼睛

▎原文

天视自我民视，天听自我民听。（《尚书·泰誓中》）

▎解析

上天所看到的来自百姓所看到的，上天所听到的来自百姓所听到

的。简单来说，上天的眼睛就是群众的眼睛，上天的耳朵就是群众的耳朵。

古人认为天有意志和知觉，可以视听。但在这里强调的是天意与民意是相通的，上天的意志通过百姓的意志来体现。这反映出一种以民为本的思想观念。它提示统治者要重视百姓的意愿和感受，将百姓的诉求作为治理国家的重要依据。

同样，在管理工作中，管理者在做决策时，要充分发扬民主，要"从群众中来、到群众中去"。所谓的"从群众中来"，就是通过深入员工、客户做调查研究，以收集自己决策的依据，形成自己的想法。所谓的"到群众中去"，就是要把自己制定的政策（工作计划）交由员工去落实，一方面引导整个企业向着正确的方向努力奋斗，另一方面又可通过实践检验自己的想法和自己制定的政策。

三、品《庄子》：人人有职责，事事有着落

原文

天生万民，必授之职。（《庄子·天地》）

解析

上天孕育众多百姓，一定会赋予他们各自的职责。这体现了一种传统的观念，即认为每个人来到世上都有其存在的意义和任务。从社会分工的角度看，它暗示着社会中的每个人都应该有自己的角色定位，就像在一个庞大的机器中，每个零件都有其特定的功能，共同维持机器的运转。同时，人与人之间还有能力差别，有少数人会被推举为上层的领导

者，而大部分人都要当好被领导的角色。只要有人群的地方，就会自然而然地滋生出领袖、圣人等，就会形成组织和管理机构，或建立政权。所以，先有人民后有江山，先有百姓后有官员，先有团队后有团队管理者，任何权力都是属于人民的。

企业中也一样，管理者应该借鉴古人的智慧，认识到就如同上天创造万民并赋予他们不同职责一样，企业也需要为员工明确职责分工，以构建高效的企业管理体系。

四、品《六韬》：虚心体察无不见，调查研究无不知

原文

目贵明，耳贵聪，心贵智。以天下之目视，则无不见也。以天下之耳听，则无不闻也。以天下之心虑，则无不知也。辐辏并进，则明不蔽矣。(《六韬·大礼》)

解析

眼睛贵在能看清事物，耳朵贵在能听清楚声音，心智贵在能思考。凭借天下人的眼睛去看，就没有什么东西看不到。凭借天下人的耳朵去听，就没有什么声音听不到。像车辐集中于车毂一样（此处把君主利用众人的智慧来治理国家类比为车辐集中于车毂），各种意见都能汇聚上来，那么君主的眼睛就不会被蒙蔽。当然，作为君主还要对这些收集来的信息进行"去粗取精、去伪存真、由表及里、由此及彼"的研究（理论加工），最后才能得出最能代表最广大人民利益，最符合实际情况，最能实现近期利益、中期利益、长期利益综合平衡的意见而推行之。

这段话强调了君主（统治者）应该广泛利用众人的视觉、听觉和智慧来了解情况。如果能够汇聚众人的力量，让大家都来观察、聆听和思考，就如同有无数双眼睛、无数只耳朵和无数个头脑在为治理国家等事务服务，君主就不会被蒙蔽，就能够全面、准确地了解天下之事，从而做出明智的决策。这体现了一种重视集体智慧、广开言路的治国理念或管理思想。

同样，在《孙膑兵法·奇正》中也有"用民得其性，则令行如流"，这句话强调了统治者在治理国家的过程中，要充分考虑民众的意愿和本性，如此才能保证政令的有效施行。这都说明统治者在制定政策、法令、计划时要放下身段，向群众请教，认真调查研究。

在管理中，管理者应努力追求像拥有"明目""聪耳""智心"一样，摒弃个人视野、听觉与思维的局限，广开言路，让团队成员甚至外部合作伙伴都能成为自己的"眼睛""耳朵"和"思维触角"，充分汇集各方信息，倾听多元声音，综合众人智慧，使决策建立在全面了解、深度洞察的基础之上，只有多管齐下、协同发力，才能拨开迷雾，让管理之路不被蒙蔽，精准把握组织的前行方向，推动各项事业顺利发展。

五、品《尚书》：听民声，顺民意，上下通达管好团队

原文

天聪明，自我民聪明；天明畏，自我民明威。达天上下，敬哉有土。（《尚书·虞书·皋陶谟》）

▎解析

这段话体现了一种民本思想。它表明上天的意志实际上是通过百姓的意志来体现的。上天的视听、赏罚等行为的依据都来源于百姓。君主作为统治国家的人,应该深刻理解这种上天与百姓之间的关联,谨慎地履行自己管理国家的职责。君主在制定政策、施行赏罚等行为时,要以百姓的意愿为导向,因为这相当于是顺应上天的意志(尊道),这样才能治理好国家,维护统治。

同样,企业家在经营企业时,在进行决策时,一定要充分了解客户的想法,以及员工的想法,这是制定决策的总依据。

六、品《晏子春秋》：循义谋度,因民成事

▎原文

谋度于义者必得,事因于民者必成。(《晏子春秋·内篇问上》)

▎解析

谋划考虑符合正义的人必定会有所收获,做事顺应民众需求的人必定会成功。

对于企业管理者来说,一方面要像"谋度于义"所启示的那样,以正义、合理的原则进行谋划决策,例如遵守商业道德、合法经营等;另一方面要如"事因于民"所指,以员工和客户的需求为出发点去做事,比如关注员工的发展需求、满足客户的实际需求,这样企业才能获得成功。

七、品《礼记》：市场所好我好之，顾客所恶我恶之

▎原文

民之所好好之，民之所恶恶之。此之谓民之父母。(《礼记·大学》)

▎解析

统治者应该喜爱民众所喜爱的东西，厌恶民众所厌恶的东西。能够做到这样，就可以称得上是民众的"父母"了。

同样，企业管理者要全心全意地为客户服务，设法让自己的想法和市场的真实情况吻合，市场真正需要的事就去做，客户不喜欢的事就坚决不去做。

第三章

管理者要通过调查研究发挥承上启下作用

一个管理者的存在必然是相对于被管理者而言的。在下级面前，管理者扮演着领导的角色，犹如官的地位，处于主导性的阳位；而在上级面前，管理者则转换为被管理者的身份，就像普通民众一样，处于被支配的阴位。这种双重角色使得管理者需要在不同的情境中灵活切换思维和行为模式，要通过调查研究发挥承上启下作用，以更好地履行管理职责和完成工作任务。

一个优秀的管理者必须精准地找到自己的正确定位。一方面，管理者要有担当之勇气，敢于负责，在关键时刻能够果断及时地做出正确决断。另一方面，管理者务必保持谦虚谨慎的态度，认真倾听基层的意见和建议，及时向上级反映自己所在部门的实际情况，并且勇于提出不同的合理意见。管理者既要全力维护好自己部门的利益，又要具备强烈的全局意识，善于以全局的眼光看待问题，从宏观层面为组织的整体发展贡献智慧和力量。

——

一、品《淮南子》：上言下言要相权，直躬尾生实愚蠢

原文

　　昔者，《周书》有言曰："上言者，下用也；下言者，上用也。上言者，常也；下言者，权也。"此存亡之术也，唯圣人为能知权。言而必信，期而必当，天下之高行也。直躬其父攘羊而子证之，尾生与妇人期而死之。直而证父，信而溺死，虽有直信，孰能贵之？（《淮南子·泛论训》）

解析

　　从前，《周书》上有这样的话："上级的言论，是供下级遵照实行的；下级的言论，是供上级采用的。上级的言论，是常规性的；下级的言论，是权衡情况而发的（带有灵活性）。"这是关乎国家存亡的策略，只有圣人才能够懂得灵活运用。说话一定要守信，约定的事情一定要做到，这是天下最高尚的行为。直躬的父亲偷了羊，儿子（直躬）却去告发他；尾生和一个女子约定在桥下见面，女子没来，河水上涨，尾生抱着桥柱一直等到被淹死。像这样直率地去告发父亲，因为守信而被淹死，虽然有直率和守信的品德，可又有谁会看重这种行为呢？

　　在企业管理中，上级领导的决策通常是基于公司的整体战略和目标做出的，下级员工需要认真执行。然而，下级员工也应该及时向上级反馈实际工作中的问题和情况，以便上级领导能够根据具体情况进行调整和优化决策。例如，在项目执行过程中，如果员工发现某个环节存在问题，应该及时向上级汇报，而不是盲目地按照原计划执行。同时，在职场中，诚实守信是非常重要的品质，但也不能过于僵化。比如，在与客户约定的时间内无法完成任务时，应该及时与客户沟通，寻求解决方

案，而不是为了守信而不顾实际情况地勉强完成，否则可能会导致质量问题，反而损害了公司的声誉。

二、品《贞观政要》：民主集中下承上，深入基层上承下

▎原文

言而见用，终身无难，臣何死焉？谏而见纳，终身不亡，臣何送焉？（《贞观政要·君臣鉴戒》）

▎解析

这段话的核心观点是关于臣子进言和劝谏的作用。如果臣子的建议能够被君主采用，君主就可以终身避免灾难，那么臣子就不必以死来进谏；如果臣子的劝谏能够被君主接纳，国家就可以避免灭亡，那么臣子也就不必为国家的灭亡而送葬。它反映了臣子希望自己的意见能被君主重视，通过合理的沟通来避免极端情况（臣子以死进谏、国家灭亡）的想法。

对于管理者来说，这段话首先强调了倾听和采纳下属意见的重要性。管理者如果能够认真对待下属的建议并合理采用，就像文中所说的"言而见用"，那么在工作过程中就可能避免许多潜在的问题和困难。

其次，管理者还要善于接纳劝谏，这是保证组织"终身不亡"的关键因素之一。在一个组织中，无论是内部运营还是外部竞争环境，都存在各种复杂的情况。如果管理者能够以开放的心态接受下属关于战略决策、组织文化建设、市场开拓等方面的劝谏，就能够及时调整管理策略，使组织更好地适应环境变化。

最后，管理者要建立良好的上下沟通机制。如果沟通不畅，下属的意见和劝谏无法传达给管理者，或者管理者对这些意见不重视，就可能导致矛盾激化。管理者应该让下属有渠道表达想法，并且能够认真回应。同时，管理者要避免让下属陷入绝望的境地，即感觉自己的意见和建议毫无价值，只能采取极端方式来引起关注。

三、品《管子》：家有千口主事一人，分工协作实现目标

▌原文

兼而一人，人君之道也；分而职之，人臣之事也。（《管子·君臣上》）

▌解析

这句话体现了一种传统的君臣分工理念，君主处于权力的中心，负责全面的掌控，而臣子则在君主的领导下，通过各司其职来协助君主管理国家事务。

对管理者而言，"兼而一人，人君之道也"提醒他们要像古代君主一样，具备把握全局的意识和能力。管理者需要对团队或组织的整体目标、战略方向、核心价值观等有清晰的认知和掌控。"分而职之，人臣之事也"则强调了明确分工的重要性。管理者要根据团队成员的专业技能、工作经验、性格特点等因素，合理地划分工作任务和职责范围。

四、品《张子正蒙注》：管理者察内外，善用"形""神""物"

▍原文

形也，神也，物也，三相遇而知觉乃发。（《张子正蒙注·太和篇》）

▍解析

"形"：在这里可以理解为人体的感官器官及其生理结构，是感觉产生的物质基础。

"神"：主要是指人的精神、意识或心智能力。

"物"：是指外界客观存在的事物，也就是感知的对象。

"知觉乃发"：意思是知觉（包括视觉、听觉、触觉等各种感知觉）才会产生。

这句话的意思是说，感知觉的产生是人的生理基础（"形"）、心智能力（"神"）与外界对象（"物"）共同作用的结果。例如，当我们看到一朵花（"物"）时，首先需要我们有正常的眼睛（"形"），还需要我们的意识（"神"）去注意、感知它，这样我们才能产生关于这朵花的视觉知觉。

作为管理者，首先，要全面观察客观情况（"物"），要像关注"物"一样，全面、细致地观察组织内外部的客观情况。外部环境包括市场动态、竞争对手、政策法规变化等诸多因素；内部环境涵盖员工状态、团队协作效率、业务流程等方面。例如，在市场竞争日益激烈的当下，管理者要敏锐地观察市场上同类型产品的更新换代情况（外部事物），以及本企业生产环节中出现的问题（内部事物），这些客观情况是管理者做出正确决策的基础信息。其次，要利用好自己的各种"感官"（"形"）

来收集信息。这里的"感官"可以理解为通过各种渠道获取信息的方式，比如参加行业会议、阅读行业报告、与员工交流沟通等，就像用眼睛观察数据报表、用耳朵倾听员工的反馈和建议一样。只有充分发挥这些"感官"的功能，才能将客观的"物"（信息）有效地收集起来，为进一步的认知和决策做准备。最后，运用心智整合信息（"神"），基于知觉做出决策。"三相遇而知觉乃发"强调了知觉产生是三者结合的结果，对于管理者而言，这种知觉就是对事物全面而准确的判断。基于这种准确的判断，管理者才能做出合理的决策。

五、品《淮南子》：聚焦员工所崇尚的"善"和所厌恶的"奸"，加以正确引导

■ 原文

故圣人因民之所喜而劝善，因民之所恶而禁奸，故赏一人而天下誉之，罚一人而天下畏之。（《淮南子·汜论训》）

■ 解析

因此，圣人会顺着民众所喜欢的（事物、行为等）来鼓励人们行善，依照民众所厌恶的（事物、行为等）来禁止奸邪之事。所以奖赏一个人，天下人都会赞誉；惩罚一个人，天下人都会敬畏。

"因民之所喜而劝善"："因"在这里是顺着、依照的意思。"民之所喜"指民众所认可、喜好的观念或者行为。"劝善"就是鼓励人们做善良的、符合道德和社会秩序的事。这体现了一种治理理念，即治理者要以民众的价值观为导向来引导社会风气向积极的方向发展。

"因民之所恶而禁奸"："民之所恶"即民众所讨厌、愤恨的现象，比如盗窃、欺诈等行为。"禁奸"就是禁止邪恶、违法犯罪的事情。说明治理者要根据民众的意愿来打击违法犯罪和不良行为，维护社会公正和秩序。

"故赏一人而天下誉之，罚一人而天下畏之"：正因为前面提到的赏罚标准是顺应民意的，所以当奖励一个人的时候，这个人的行为是符合大众所期望的善的标准的，天下人都会赞美这种奖励；当惩罚一个人的时候，这个人的行为是大众所厌恶的奸邪行为，所以天下人都会对这种惩罚产生敬畏，进而约束自己的行为。

这句话对企业管理的启示在于，管理者应深入了解员工所崇尚的"善"和所厌恶的"奸"。以员工的喜好和价值观为导向，鼓励积极行为，比如通过设立奖励机制表彰符合团队期望的行为，树立榜样以激发员工效仿，塑造积极的组织文化。同时，坚决禁止不良行为，依据员工的厌恶点制定严格的禁止措施，以净化工作环境、规范员工行为，确保奖惩机制公正公平，从而实现"赏一人而天下誉之，罚一人而天下畏之"，提升团队凝聚力和整体绩效。

六、品《左传》：虚心调查企业兴，求神问卜事必败

原文

国将兴，听于民；将亡，听于神。(《左传·庄公三十二年》)

解析

一个国家将要兴盛的时候，(统治者)会听从民众的意愿；一个国

家将要灭亡的时候,(统治者)往往会听从神灵(超自然力量)的旨意。这句话体现了一种进步的治国理念,即重民思想。它强调了在国家治理过程中,人的因素尤其是广大民众的因素的主导地位。一个明智的统治者应该以民为本,重视民意,从民众那里获取治国理政的智慧和力量。相反,当统治者偏离了以民为本的道路,陷入迷信、不切实际的观念中时,国家就可能走向衰落。这也警示统治者要保持清醒的头脑,关注现实社会中的实际问题,通过积极听取民众意见来做出正确决策,维护国家的长治久安。

对于企业管理者而言,这句话同样具有深远的启示意义。

首先,"听于民"意味着企业管理者应该倾听员工、客户以及广大利益相关者的声音。员工是企业发展的基石,他们的意见和建议往往能直接反映企业的运营状况和市场反馈。通过积极听取并采纳员工的合理建议,企业可以不断优化工作流程,提升工作效率,从而保持竞争力。同时,客户是企业产品或服务的最终使用者,他们的需求和反馈是企业改进和创新的重要方向。企业管理者应密切关注市场动态和客户需求,及时调整战略和产品,以满足客户的期望。

其次,"听于民"还意味着企业管理者应具备开放的心态和包容的文化。在决策过程中,应鼓励员工和客户参与讨论,充分尊重他们的意见和建议。这种开放和包容的文化能够激发员工的积极性和创造力,促进企业的创新和发展。

相反,如果企业管理者"听于神",即过于迷信或依赖某些不可控的外部因素(如神秘的力量、市场传言等),而忽视员工和客户的真实需求,那么企业很可能陷入困境。这种盲目决策和过度依赖外部因素的行为会削弱企业的内部凝聚力和市场竞争力,最终导致企业的衰败。

因此,企业管理者应深刻认识到"听于民"的重要性,并将其作为企业管理的基本原则之一。通过积极倾听员工和客户的声音，了解他们的需求和期望，制定出更加符合市场需求的战略和策略，从而促进企业稳健发展。

七、品《淮南子》：管理者应基于员工诉求制规，以身作则引领员工实现有序管理

原文

　　法者，非天堕，非地生，发于人间，而反以自正。是故有诸己不非诸人，无诸己不求诸人。所立于下者，不废于上；所禁于民者，不行于身。所谓亡国，非无君也，无法也。变法者，非无法也，有法者而不用，与无法等。是故人主之立法，先自为检式仪表，故令行于天下。孔子曰："其身正，不令而行；其身不正，虽令不从。"故禁胜于身，则令行于民矣。（《淮南子·主术训》）

解析

　　法律不是从天上掉落下来的，也不是从地里生长出来的，而是在人间产生的，并且人们反过来用它来端正自身行为。所以，自己身上存在某种情况就不要去非议别人同样的情况，自己没有做到的就不要去要求别人做到。在百姓中所设立的规范，在统治者那里也不能废弃；禁止百姓去做的事情，统治者自身也不能去做。所谓亡国，并不是没有君主，而是没有法律。而变法，并不是说原本没有法律，而是有法律却不加以施行，这就和没有法律是一样的。因此君主在制定法律的时候，首先要把自身作为规范的标准和榜样，这样法令才能在天下顺利推行。就如

同孔子所说："统治者自身行为端正，不用下命令，事情也能顺利推行；自身行为不端正，即使下了命令，百姓也不会听从。"所以，当君主能够严格约束自身，那么法令就能在百姓当中顺利施行。

这段话整体围绕着法的起源、对待法应有的正确态度以及君主在立法和执法过程中以身作则的重要性等方面展开论述，强调了法在治理国家中的关键作用以及统治者自身行为对法令施行效果的重大影响。

这段话对企业管理的启示在于，企业规章制度应契合团队普遍认可的准则及员工内心诉求，管理者制定规则要把握根本目的与关键要点，同时要以身作则，自身做到才能要求员工，且确保规则上下一致执行。制度执行关乎企业存亡，变革制度关键要落实运用，管理者以自身端正行为做表率，才能使规章制度顺利推行，保障企业有序与健康发展。

八、品《吕氏春秋》：耳目鼻口有分工，有权有位有所制

原文

耳目鼻口不得擅行，必有所制。譬之若官职，不得擅为，必有所制。(《吕氏春秋·仲春纪·贵生》)

解析

人的耳朵、眼睛、鼻子和嘴巴不能随意地去听、去看、去闻、去尝，它们的功能发挥是受到一定的限制的。（例如，耳朵不能毫无选择地听所有声音，眼睛不能毫无顾忌地看所有事物。）这就好像官员的职务一样，官员不能随意地行使职权，他们的行为必定要受到一定的约束。

从个人修养角度看，这段话强调人要对自己的感官欲望进行克制。人的感官很容易被外界的各种诱惑所吸引，例如好听的阿谀奉承（耳之欲）、好看的奢靡景象（目之欲）、好闻的刺鼻浓香（鼻之欲）、好吃的山珍海味（口之欲）等。如果任由这些感官欲望肆意放纵，就可能会导致人的行为失范，甚至走向堕落。所以需要用理性等来约束这些感官的本能冲动。

从管理员工行为角度看，就像感官需要规则来限制一样，企业需要为员工建立明确的行为规范。这些规范包括工作流程、职业道德准则等。以生产车间为例，工人的操作步骤（手的行为）需要按照严格的安全和质量标准进行，不能擅自更改操作流程，这样才能保证产品质量和生产安全。

从防止管理权力滥用角度看，管理者自身的权力也需要受到约束，不能仅凭个人喜好随意决策。在调查研究时，管理者应明确自身的角色定位与行为边界，保持理性克制，遵循规范并接受监督，合理运用权力且自我约束，以高度责任感为企业决策提供准确依据，就像耳目鼻口和官职一样不得擅行，必有所制。

九、《淮南子》：管理者避独断，应依众谋事

原文

君好智则倍时而任己，弃数而用虑。天下之物博而智浅，以浅赡博，未有能者也。独任其智，失必多矣。（《淮南子·诠言训》）

▎解析

如果君主喜好凭借自己的智慧，就会违背时势而只依靠自己，抛弃既定的规律方法而只凭借个人的思考。天下的事物繁多，而个人的智慧是有限的，用有限的智慧去应对繁多的事物，没有能成功的。单凭自己的智慧，失误必然会很多。

在企业中，管理者应避免仅凭个人喜好和有限智慧而违背时势、独断专行，不能抛弃既定的规律方法只凭个人思虑行事，要知道面对繁杂事务个人能力有限，需要依靠团队、遵循科学方法，只有这样，才能减少失误，有效履行管理职责，推动各项事务良好发展。同样，管理者在进行调查研究时，不能仅凭个人喜好和智慧一意孤行，不可违背时势只依靠自己，而应遵循既定的方法和规律；要认识到天下事物繁多而个人智慧有限，不能以有限的智慧去应对广泛的事物；不能独断专行地凭借个人能力，否则失误必然增多。总之，管理者应采用科学的方法、借助团队的力量，广泛收集信息、深入分析问题，以确保调查研究的准确性和有效性，为决策提供可靠依据。

十、品《荀子》：调查研究时要保持一种敬畏的态度

▎原文

虑必先事而申之以敬，慎终如始，终始如一，夫是之谓大吉。（《荀子·议兵》）

▎解析

在做事之前一定要先进行谋划，并且在做事过程中始终秉持恭敬谨

慎的态度。在事情快要结束的时候，也要像刚开始的时候一样谨慎，从开始到结束自始至终都保持一致的态度。如果能做到这样，就可以说是非常吉利（能够顺利地把事情做好）。这句话主要是在强调做事的正确态度和方式，先有规划，并且在整个过程中都保持敬畏、谨慎，不因事情的进程而改变态度，如此才能收获好的结果。

这句话对管理者做好调查研究也有着重要启示。管理者应在开展调查研究前进行充分谋划，抱持敬畏之心，明确调研目的、范围和方法。在整个调研过程中，要始终保持高度专注和谨慎，克服后期可能出现的懈怠情绪，像开始时一样认真对待每一个环节。同时，保持方法和标准的一致性，确保结果可靠可比，并将调研结论始终如一地贯彻执行。这样能降低决策风险、提升决策质量，增强团队信心，实现企业的良好发展。

十一、品《资治通鉴》：事前调查要详细，研究谋划讲逻辑

■ 原文

夫听者，事之候也；计者，事之机也；听过计失而能久安者鲜矣！故知者，决之断也；疑者，事之害也。（《资治通鉴·汉纪二》）

■ 解析

听取意见是事情成功与否的征兆，计谋策略是事情成功的关键。听取意见出现失误，计谋策略失当，而能长治久安的人是很少的。所以明智的人，要善于做出判断和决策；犹豫不决，是行事的大害。这段话主

要强调在处理事情的过程中，要善于听取意见、正确谋划并且果断决策的重要性。

　　这段话对管理者有着重要启示。管理者应重视倾听，将其作为把握事情发展征兆的关键，广泛收集员工、合作伙伴及客户的意见，营造开放沟通环境。同时，要精心谋划，以战略规划作为推动事情成功的关键时机，根据市场变化及时调整。避免在听取意见和谋划上出现失误，当收集足够信息并合理规划后，要果断决策，不能优柔寡断，因为犹豫不决是管理中的大忌，会影响工作效率和团队士气。

第四章

管理者要通过调查研究统一人心、协调行动

俗话说:"人心齐,泰山移。"这句话在人类社会的各类组织中同样适用。

在军事领域,一个仅有几百人但组织良好的军队,能够凭借高效的指挥体系、明确的战略目标、高度的团队协作以及顽强的战斗意志,打败几万人却组织混乱的军队。这是因为良好的组织管理可以充分发挥每个成员的优势,实现资源的优化配置,提升整体战斗力。

在国家层面,一个组织管理不善的国家,可能会面临内部矛盾激化、行政效率低下、社会秩序混乱等问题,甚至在未遭遇外部战争的情况下就陷入自乱的困境。有效的国家管理需要科学的政策制定、合理的机构设置、公正的法律执行以及积极的社会治理,以确保国家的稳定和发展。

对于企业而言,如果组织管理不到位,即使拥有雄厚的家底,也会由于决策失误、内部纷争、资源浪费、市场反应迟钝等原因而逐渐赔光。良好的公司管理要求明确的企业战略、高效的运营流程、优秀的人才队伍、积极的创新文化以及良好的客户关系管理,以提升企业的竞争力和可持续发展能力。优秀的企业管理者要能够通过调查研究"知己知彼",在此基础上设法统一全体成员的意志,让大家心往一处想、劲往一处使;集中大家的智慧,充分发挥每一个人的创造力和洞察力;协调好各个部门以及各个岗位的行动,确保工作流程的顺畅与高效。通过这

些努力，使整个公司都能坚定不移地向着共同的、正确的目标前进，在不断变化的市场环境中实现持续发展与壮大。

——

一、品《淮南子》：所谓的管理就是把团队组织好，把人心统一起来

▌原文

所谓有天下者，非谓其履势位，受传籍，称尊号也；言运天下之力，而得天下之心。(《淮南子·泰族训》)

▌解析

所谓拥有天下，不是说处在有权势的地位、接受权力传承的象征物、拥有尊贵的称号，而是说能够运用天下人的力量并且赢得天下人的心。这句话强调了统治者统治天下的关键在于凝聚民心、运用民力，而不是仅仅关注权力地位和称号这些外在的形式。

这句话对管理者的启示有如下三点。

一是提醒管理者不能仅仅依赖于职位赋予的权势（"履势位"）、传统的权力交接象征（"受传籍"）或者崇高的头衔（"称尊号"）来开展工作。管理者真正的权威应建立在有效调动组织内各种资源（"运天下之力"）的能力之上。例如，在一个项目团队中，项目经理如果只是凭借职位头衔发号施令，而不了解团队成员的能力和资源情况，无法有效调配人力、物力等资源，那么团队很难高效运转。

二是要认识到"得天下之心"至关重要。这意味着管理者要把赢得员工的支持和忠诚放在首位。管理者需要关注员工的需求、期望和感受，建立积极的企业文化和工作氛围。例如，一家公司的管理者可以通过提供良好的职业发展机会、公平的薪酬福利体系、有效的沟通渠道等方式来获取员工的"心"，使员工真正认同公司的目标，愿意为公司的发展全力以赴。

三是要认识到团队整体力量的重要性。一个人的力量是有限的，管理者的任务是将团队成员的力量汇聚起来，形成一股强大的合力。比如，在产品研发过程中，管理者要协调研发部门、市场部门、生产部门等各方力量，让每个部门都能发挥自己的优势，共同推动产品从概念设计到上市销售的整个过程。而不是各个部门各自为政，或者管理者只依赖某一个部门的力量。

二、品《资治通鉴》："下顺民心"常下问，"上合天意"保成功

▌原文

举大事，必当下顺民心，上合天意，功乃可成；若负强恃勇，触情恣欲，虽得天下，必复失之。(《资治通鉴·汉纪三十》)

▌解析

开创伟大的事业，一定要向下顺应民心，向上符合天意，这样才能成功。如果倚仗自身的强大和武力，放纵自己的情感和欲望，即使得到了天下，也必然会再次失去它。这句话强调了成就大事，顺应民心和遵

循正义原则的重要性，同时告诫人们不能凭借武力和私欲行事，否则成功也难以长久。

对于企业管理者来说，在领导团队成就事业时，应注重"下顺民心"，关注员工需求与利益，营造良好的工作氛围和企业文化，赢得员工的支持与忠诚；同时"上合天意"，遵循客观规律、道德准则及行业发展趋势。不能仅靠强势和勇力，不能放纵个人情感和欲望，而要以理性和克制进行管理决策，如此才能成就可持续的成功，否则即使一时取得成功，也难以长久维持。

三、品《春秋繁露》：管理者要"耳目聪明"

原文

上乱下被其患，若耳目不聪明，而手足为伤也。（《春秋繁露·天地之行第七十八》）

解析

居上位的人昏乱，下层的民众就会遭受他带来的祸患，就好像人的耳朵和眼睛失去了灵敏的功能，手脚也会因此而受到伤害一样。这句话通过人体器官之间相互关联的关系，类比说明统治者和民众之间紧密的利害联系，强调统治者的清明与否对民众的重要性。

对于企业管理者而言，"上乱下被其患"提醒企业的管理层（"上"）就像人体的头部一样，发挥着关键的引领作用。如果管理层决策混乱、战略方向不明确或者内部管理无序（"乱"），那么基层员工（"下"）必然会受到影响，企业整体也会陷入困境。

从"若耳目不聪明,而手足为伤也"这个类比来看,管理者就像是企业的"耳目",需要保持敏锐的市场洞察力("耳目聪明"),能够准确地收集市场信息、竞争对手动态以及行业趋势等。如果管理者不能很好地获取这些信息,就像耳目失聪失明一样,那么基层员工("手足")的工作就会受到伤害。比如,管理者没有察觉到市场需求的变化,员工还在按照旧的产品要求生产,最终产品可能滞销,员工的努力也付诸东流。

四、品《孟子》：调查研究知真情,民主集中步调同

原文

左右皆曰贤,未可也；诸大夫皆曰贤,未可也；国人皆曰贤,然后察之；见贤焉,然后用之。左右皆曰不可,勿听；诸大夫皆曰不可,勿听；国人皆曰不可,然后察之；见不可焉,然后去之。左右皆曰可杀,勿听；诸大夫皆曰可杀,勿听；国人皆曰可杀,然后察之；见可杀焉,然后杀之。故曰,国人杀之也。如此,然后可以为民父母。（《孟子·梁惠王下》）

解析

孟子这段话重点强调了民众意见在国家治理中的关键地位。他主张在人事任免和刑罚等重大事务决策中,不能仅仅依据少数人的看法,无论是君主身边的近臣还是朝中大夫的意见,都需要广泛参考民众（国人）的声音。这体现了孟子认为民众是国家根基的观念,将民众的意愿作为治理国家的重要考量因素。这段话从三个方面展开论述。

一是选拔任用人才方面。当身边的近臣（左右）都说某人贤能时,

不能就此确定就任用他，这还不可靠；当各位大夫（朝中官员）也都说此人贤能时，同样也还不能确定就任用他，依然要谨慎；只有当全国的百姓（国人）都说这个人贤能，这之后还要对其进行仔细考察，发现他确实贤能，然后才可以任用他。

二是罢黜人员方面。要是身边的近臣都说某人不行、不称职，不要轻易听信；各位大夫也都说此人不行时，也不要轻易听信；要等全国的百姓都说这个人不行，之后再去认真考察他，倘若考察后发现他确实不行，这时候才可以将其免职、弃用。

三是惩处方面。倘若身边的近臣都说某人该杀，不要听从这种说法；各位大夫也都说此人该杀时，同样不要听从；必须等全国的百姓都说这个人该杀，然后再去深入考察核实，要是考察后发现他确实该杀，这时候才可以将其处死，并且可以说是全国百姓要杀他的。

总的来说，只有按照这样的方式去选拔任用、罢黜以及惩处相关人员，才能够称得上是合格的统治者，就如同百姓的"父母官"一样，做到公正、谨慎且顺应民意，在重大决策上充分考虑民众的看法并加以审慎核实，而不是仅凭少数身边人的意见就轻易做出决断。

对于企业管理者来说，在人才任用、人员调整及重大决策上，不能仅听从身边少数人的意见，即使中层管理者们意见一致也不可轻易决策。而应广泛参考企业全体员工的看法，在听到众人评价后进行深入考察核实，做到谨慎判断、公正决策，不盲目跟从，如此才能像优秀的"父母官"一样带领企业走向成功，实现企业的稳定发展和员工的共同成长。

五、品《管子》：管理英明在务实，政策可行接地气

原文

令之所以行者，必民乐其政也，而令乃行。(《管子·形势解》)

解析

"令之所以行者，必民乐其政也"这句话可以这样理解：一项法令能够顺利施行，一定是民众对这个政策感到满意。从政策实施的角度来看，"令"代表着政府或者统治者颁布的各种法令、政策、规章制度等。这些规定要想在实际中得到有效执行，关键在于"民乐其政"。"民乐其政"并不是简单的民众高兴就可以，它意味着民众从内心认可政策对于自身利益、社会秩序以及公共事务等诸多方面是有积极意义的。例如，在税收政策方面，如果政府出台的税收政策能够让民众看到税收是合理地用于公共服务建设，如修建道路、学校、医院等基础设施，提升了大家的生活质量，民众就会乐于接受并配合税收政策的执行。相反，如果民众觉得政策对自己不利，或者没有看到政策给自己和社会带来的好处，那么该政策在执行过程中就会遇到阻力。

这句话对企业管理者的启示是：企业管理者所制定的规章制度和决策要想得以顺利推行，必须确保员工对企业的管理政策感到满意。这就要求管理者在制定政策时充分考虑员工的利益和需求，使政策能够为员工带来实际的好处，激发员工的积极性和认同感，从而促进企业的高效运转和持续发展。

第二篇
如何做好调查研究

在现代管理实践中，正确的决策必定建立在充分掌握信息的基础之上。常见的决策错误表现为尚未有效掌握信息，或者在掌握信息不全面的情况下便使用一些工具进行策略设定。如果要准确且充分地掌握信息，就需要具备正确的调查态度和应用正确的调查方法。

首先，企业管理者在进行调查研究时要有谦虚的态度。要深入企业基层，深入广大员工之中，深入客户群体之中，全面了解各方面的情况。不能脱离实际，不能先入为主，不能带有偏见，也不能被片面的情况所迷惑。在调查研究时，要能听得进下级和客户批评的话。

其次，企业管理者在进行调查研究时要搞清楚理论与实践的辩证关系，坚持实事求是的原则。调查研究是一个"格物致知"的过程，也是一个在客观实际中找到其中"道理"的、"道法自然"的过程。调查研究必须坚持唯物主义的态度。

最后，企业管理者在进行调查研究时要能充分发扬民主。敢于讲真话的人，才是有全局观的人，才是关键时候最可靠的人。作为企业管理者，在自己的团队中创造一个人人平等、人人敢讲真话的民主氛围是最难的。也只有这样，才是管理团队的最高水平。

第五章

要秉持谦虚的态度

　　一个企业的管理者要想做出正确的决策，就必须通过调查研究去了解实际情况；要想让自己的指挥调度合理，就必须通过调查研究去了解市场状况。而要想做好调查研究工作，就必须秉持谦虚的态度。只有这样，才能及时掌握第一手资料，了解到真实情况。如果摆起官僚主义的架子，把下级拒之门外，就听不到真话；如果高高在上，脱离基层、脱离群众，就了解不到真实情况。

　　调查的过程是发扬民主、广泛听取群众意见的过程；研究的过程则是对调查材料进行集中并加以理论概括的过程。调查的过程属于感性认识的过程，认识的是事物的表面现象；研究的过程则是理性认识的过程，认识的是事物的内在本质和运动规律。调查研究不能先入为主，不能带有偏见。谦虚的态度不仅是工作所需，也是每个人自身修养所需，更是一个人必备的品德。

一、品《说苑》：管理者要尊重下属，广开言路

■原文

凡处尊位者，必以敬下，顺德规谏，必开不讳之门，撙节安静以藉之。谏者勿振以威，毋格其言，博采其辞，乃择可观。(《说苑·君道》)

■解析

"凡处尊位者，必以敬下"：在高位的人（如企业管理者、领导者），对待下属要有敬重的态度。这体现了一种上下级关系中的平等意识，即便地位有高低之分，但在沟通交流尤其是接受建议时，尊重是基础。

"顺德规谏，必开不讳之门"：凭借谦逊的品德来对待别人的规谏，要营造一个让别人能够毫无保留、没有忌讳地发表意见的环境。企业管理者鼓励员工对公司的制度、业务流程等提出意见时，要让员工感到自己的发言不会带来不良后果，从而能够畅所欲言。

"撙节安静以藉之"：自己要保持一种谦逊、节制的态度，并且内心沉稳安静，以此来接纳别人的谏言。这要求处于领导地位的人在面对他人意见时，要能够控制自己的情绪和行为，不浮躁、不冲动，认真地倾听。

"谏者勿振以威，毋格其言"：面对进谏的人，不要用自己的威严去打压他们，也不要去阻碍、拒绝他们说话。如果企业管理者在员工提出不同意见时，就以自己的职权进行压制，或者直接否定员工的观点，那么就很难听到真实的、有价值的建议。

"博采其辞，乃择可观"：广泛地收集他们（进谏者）的言辞，然后从中挑选出有价值、值得参考的内容。这表明听取意见后还要有一个

筛选的过程，不能盲目地全部接受，而是要经过思考和分析，将有用的建议用于实际的决策和管理中。

这段话的整体意思是：大凡处在尊贵地位的人，一定要礼敬下属。要以谦逊的品德来对待规谏，必须让下属能够毫无忌讳地开口进言。自己要谦退节制、沉稳安静，以此来接纳谏言。对于进谏的人，不要用权威去震慑他们，不要阻碍他们说话，要广泛地采纳他们的言辞，然后从中选择有价值的内容。

这段话对企业管理者的启示是：企业管理者身处领导地位，应敬重下属，以谦逊的态度对待员工的建议，营造让员工毫无忌讳提出意见和建议的氛围，保持节制与安静以接纳意见。面对提建议的员工，不能以威权打压，不能阻碍其发言，要广泛采纳员工意见后再挑选出有价值的内容，如此才能促进企业的良好发展与进步。

二、品《荀子》：体察真理靠虚心，避免过失靠专心

■ 原文

人何以知道？曰：心。心何以知？曰：虚壹而静。心未尝不藏也，然而有所谓虚；心未尝不两也，然而有所谓壹；心未尝不动也，然而有所谓静。人生而有知，知而有志；志也者，臧也；然而有所谓虚，不以所已臧害所将受，谓之虚。（《荀子·解蔽》）

■ 解析

人是通过什么来认识道呢？答案是心。那么心是凭借什么来认识道呢？是通过"虚壹而静"这种状态。

"虚"：心其实一直都在储藏知识（臧，通"藏"，有储藏的意思），但是还存在一种"虚"的状态。人生下来就有感知能力，有感知就会产生记忆（志），记忆其实就是知识的储藏。所谓"虚"，就是不因为已经储藏的知识而妨碍接受的新知识。就好比一个人已经积累了一定的旧观念，但在面对新观念时，能够不被旧观念束缚，以开放的心态去接纳新的知识和想法。

"壹"：心可以同时思考很多事情（心未尝不两也），但是还有一种"壹"的状态。这意味着在思考不同事物的时候，能够专注于其中一个方面，不被其他因素干扰。例如，在学习知识或者思考问题的时候，能够把注意力集中在当下的主题上，而不是被其他无关的思绪或者别的知识所扰乱。

"静"：心从来都不是静止不动的，它会有各种各样的活动，比如睡觉时会做梦，放松时会遐想等。但是还存在一种"静"的状态。这种"静"是指心在认识事物的时候，能够不被这些杂乱的念头和情绪干扰，保持一种冷静、沉着的状态，从而正确地认识事物。

在现代企业管理中，"虚壹而静"可以帮助管理者更好地适应复杂多变的市场环境。随着科技的飞速发展和市场竞争的加剧，企业管理者需要不断学习新知识来更新自己的管理理念和方法。保持"虚"的心态，有利于管理者吸收先进的管理技术，如数字化管理工具、新的人力资源管理模式等。同时，管理者需要在众多事务中分清主次，保持"壹"的专注。例如，在企业进行战略转型时期，管理者要专注于战略方向的调整，整合资源，而不是被一些日常的、琐碎的事务牵扯精力。并且，在决策过程中，冷静的"静"态至关重要。无论是面对市场的波动、竞争对手的挑衅还是内部的矛盾，管理者都要沉着应对，避免冲动决策，确保企业的稳定运营和长期发展。

三、品《庄子》："虚以待物"万物应，"唯道集虚"百事成

原文

若一志，无听之以耳而听之以心；无听之以心而听之以气。耳止于听，心止于符。气也者，虚而待物者也。唯道集虚。虚者，心斋也。（《庄子·人间世》）

解析

这是庄子提出的一种关于精神修养达到"心斋"境界的方法。"心斋"是一种内心的斋戒，是一种摒弃外界干扰，让内心达到空灵纯净状态的精神境界。

"若一志"：意思是你要使自己的心思专一。这是一种修炼的开始，要求人们集中注意力，摒弃杂念，让精神凝聚起来。

"无听之以耳而听之以心；无听之以心而听之以气"："听之以耳"是一种比较浅层次的感知方式，仅仅通过耳朵去听闻外界的声音。庄子认为应该超越这种方式，用"心"去听。这里的"心"听不是简单的思考，而是一种更深入的内心感知。更进一步，还要超越用心去听的阶段，用"气"去听。这个"气"比较抽象，它是一种虚静的状态，能够让自己不被主观的情感和偏见所左右，以一种更加空灵的状态去感知事物。就好像一种超越了感官和常规思维的精神状态，能够以一种更纯净的方式来接纳和感受世界。

"耳止于听，心止于符"："耳止于听"是说耳朵作为听觉器官的功能局限性。"心止于符"是说用心去感知事物的时候，往往会停留在与外界事物相符合（即认知与事物表象相符）的阶段，容易受到主观认知

的限制。这两者都没有达到更高的境界。

"气也者，虚而待物者也。唯道集虚。虚者，心斋也"："气"是一种虚空的状态，它能够以空灵的方式等待和接纳万物。只有"道"能够聚集在这种虚空的状态之中。而这种虚空的状态，就是"心斋"。"心斋"是一种内心的斋戒，通过摒弃杂念、超越感官和常规思维的限制，让内心处于一种空灵纯净的状态，从而能够更好地体悟"道"。

这段话对企业管理者的启示是：企业管理者应保持专注如一的志向，不能仅仅依赖表面的听闻来做决策，而要超越用耳听的层次，用心去感悟和理解企业内外部的各种情况。但又不能局限于主观的认知和判断，要进一步上升到如同以"气"感知的境界，保持一种虚空、开放的心态，不被固有观念和经验所束缚。

四、品《韩非子》：虚则知实之情，静则知动者正

原文

道者，万物之始，是非之纪也。是以明君守始以知万物之源，治纪以知善败之端。故虚静以待，令名自命也，令事自定也。虚则知实之情，静则知动者正。有言者自为名，有事者自为形，形名参同，君乃无事焉，归之其情。（《韩非子·主道》）

解析

"道者，万物之始，是非之纪也"："道"是万物的本原，是判定是非的准则。这里的"道"在韩非子的思想中有其独特的含义，它类似于一种自然和社会的基本规律，万物从这个规律中产生，而世间的对错也

依据这个规律来判断。

"是以明君守始以知万物之源，治纪以知善败之端"：所以圣明的君主把握这个本原就能了解万物的起源，研究这个准则就能知道成败的缘由。君主需要依据"道"所蕴含的规律来治理国家，了解国家事务的根源和发展走向，从而把握成功和失败的关键因素。

"故虚静以待，令名自命也，令事自定也"：所以君主应该用虚静的态度来对待一切，让事物的名称（名分）自然地确定，让事情自然地发展。"虚静"是韩非子主张的君主统治的一种重要心态，君主不要过多地干预事物的发展，而是要让事物按照自身的规律和名分来发展。

"虚则知实之情，静则知动者正"：君主内心保持虚空就能了解真实的情况，保持安静就能知道行动是否正确。这是强调君主通过保持虚静的状态，可以更客观地观察和判断事物的真实状况和行为的正当性。

"有言者自为名，有事者自为形，形名参同，君乃无事焉，归之其情"：让那些有言论主张的人自然地确定名分，让那些有事情要做的人自然地形成实际的成果。君主将名分和实际成果相互验证（形名参同），这样君主就可以无为而治，回归到事物的真实情况。韩非子主张君主通过验证言论和实际成果是否相符来进行统治，当这种验证机制建立起来后，君主不需要过多地亲力亲为，就可以掌握国家事务的真实情况并实现有效统治。

这段话对企业管理者的启示是：企业管理者应将"道"视作企业发展的根本规律和是非准则，把握规律以了解企业发展的源头及可能面临的成败关键。秉持虚静的心态，不过度干预，让员工自主确定目标和职责，让工作自然发展。管理者保持内心虚空，以便了解企业实际情况，保持安静以判断决策和行动的正确性。鼓励员工提出主张并明确自身职责,将员工的言论与实际成果进行参验对照,从而实现高效管理,使企业能够按照自身规律健康发展。

五、品《韩非子》：摒弃好恶彰真面,依能任事循常规

▍原文

君无见其所欲,君见其所欲,臣自将雕琢;君无见其意,君见其意,臣将自表异。故曰：去好去恶,臣乃见素;去旧去智,臣乃自备。故有智而不以虑,使万物知其处;有贤而不以行,观臣下之所因;有勇而不以怒,使群臣尽其武。是故去智而有明,去贤而有功,去勇而有强。君臣守职,百官有常,因能而使之,是谓习常。(《韩非子·主道》)

▍解析

"君无见其所欲,君见其所欲,臣自将雕琢"：君主不应该展现自己的欲望,一旦君主展现出自己的欲望,臣子就会刻意去迎合、修饰(雕琢)来讨君主欢心。这就好比在一个企业中,如果领导表现出对某种成果的过度渴望,下属可能会为了迎合领导而采取一些不当的手段来达成这个目标。

"君无见其意,君见其意,臣将自表异"：君主不要暴露自己的意图,要是君主暴露了自己的意图,臣子就会显示出异常的行为来顺应君主的意图。例如在古代官场,君主如果流露出想要推行某一政策的意图,有些臣子可能会为了附和君主而夸大该政策的好处,甚至歪曲事实。

"故曰：去好去恶,臣乃见素"：所以说,君主摒弃自己的喜好和

厌恶，臣子才能展现他们的本来面目。当君主没有明显的偏好时，臣子就不会因为要迎合君主而伪装自己，才能够真实地展现自己的才能和想法。

"去旧去智，臣乃自备"：君主去除成见和小聪明，臣子才会自我戒备、自我完善。君主如果没有先入为主的观念和自以为是的智谋，臣子就会更加谨慎地履行自己的职责，依靠自己的能力来做事。

"故有智而不以虑，使万物知其处"：所以君主有智慧却不轻易地去思虑谋划，让万事万物都能处在合适的位置。君主不要过多地干涉具体事务的进程，而是要营造一个让所有事物都能自然有序安排的大环境。

"有贤而不以行，观臣下之所因"：君主有贤能却不轻易地去表现，以此来观察臣子的依凭和作为。

"有勇而不以怒，使群臣尽其武"：君主有勇气却不轻易地发怒行事，让群臣能够充分发挥他们的勇武。君主不能凭借自己的勇气而意气用事，而是要激励臣子发挥他们的武力和才能。

"是故去智而有明，去贤而有功，去勇而有强"：因此君主摒弃自己的智慧（不刻意用"智"）反而能明察，摒弃自己的贤能（不刻意用"贤"）反而能成就功业，摒弃自己的勇武（不意气用"勇"）反而能使国家强大。这是一种无为而治的理念，君主不凭借自己的个人特质去强行管理，而是通过合理的制度和对臣子的恰当引导来获得更好的治理效果。

"君臣守职，百官有常，因能而使之，是谓习常"：君主和臣子都坚守自己的职责，百官都有常规的事务，根据才能来使用人才，这就叫作遵循常规的治国之道。即强调在一个有序的组织架构中，君主和臣子各司其职，按照才能分配任务，这是一种理想的管理模式。

这段话对企业管理者的启示是：管理者应避免过度暴露自己的欲望和意图，防止员工刻意迎合而做出华而不实的行为。要摒弃个人的好恶与成见，让员工展现真实自我，激发员工自我完善。有智慧但不事事思虑谋划，为员工创造发挥才能的空间；有才能但不亲力亲为，通过观察员工行为了解其做事依据；有勇气但不轻易动怒，激励员工充分发挥才能。做到去智而明察、去贤而有功、去勇而强大，管理者与员工各守其职，依员工才能合理分配任务，建立稳定的管理秩序。

六、品《资治通鉴》：调查研究要能听进批评的话

原文

"若药弗瞑眩，厥疾弗瘳。"夫切直之言，非人臣之利，乃国家之福也。是以人君日夜求之，唯惧弗得闻。(《资治通鉴·汉纪三十五》)

解析

"若药弗瞑眩，厥疾弗瘳"：如果吃药后不感到头晕目眩，那重病就不会痊愈。这句话是一个比喻，用会带来强烈不适的药比喻治理国家过程中一些令人不太舒服但很有必要的措施。

"夫切直之言，非人臣之利，乃国家之福也"：那些恳切正直的言论，对臣子来说不是有利的（因为可能会得罪人或者带来麻烦），但对国家来说却是福气。这是强调直言正谏的重要性，虽然对于进谏的臣子可能有风险，但是对于国家的良好治理是非常有益的。

"是以人君日夜求之，唯惧弗得闻"：因此君主日夜都想得到这样的言论（切直之言），只怕听不到。说明君主应该积极寻求那些虽然听

起来不太顺耳，但是对于国家治理很有价值的真话。

　　企业管理者应明白就像"若药弗瞑眩，厥疾弗瘳"，尖锐的批评意见虽听着难受却是企业发展的"良药"。"切直之言"虽对提意见员工来说未必有利，却是企业之福，要营造包容氛围鼓励员工直言，同时保持谦逊求知态度，像渴望良药般积极寻求这些能推动企业进步的意见，不能因怕听逆耳之言而错失发展良机。

第六章

要搞清楚理论与实践的辩证关系

理论与实践的关系在不同的经典著作中会通过不同的词汇来表述，比如知与行、道与器、名与实、格物与致知、阴与阳等。从古至今，众多哲人、圣人都致力于对理论与实践的关系进行深入思考，他们深知这一关系对于人类认知世界、改造世界的重大意义。我们知道，从辩证角度看，理论来源于实践，又指导实践，二者相互促进、共同发展，是人类认识世界和改造世界的重要关系体现。

调查研究的过程就是将理论和实践结合起来的过程。在这个过程中，管理者要搞清楚理论与实践的辩证关系，要深入实践做好调查工作，对调查得来的材料进行研究，在研究的基础之上形成理论，然后用这个理论去指导下一步的工作，并在工作的实践中检验自己的理论，对理论进行修正。

——

一、品《周易》：以道驭器，调研成事

▌原文

是故形而上者谓之道，形而下者谓之器。化而裁之谓之变，推而行之谓之通，举而措之天下之民谓之事业。（《周易·系辞上》）

▌解析

"是故形而上者谓之道，形而下者谓之器"："形而上"表示抽象的、超越有形事物之上的东西，这里的"道"可以理解为道理、规律、法则、思想观念等抽象的存在。例如，宇宙运行的根本规律、道德伦理准则等。"形而下"是和"形而上"相对的概念，指的是有具体形状、能够被感知的事物，"器"包括各种具体的工具、器物，也可以延伸为具体的制度、方法等。比如桌椅、建筑，法律条文等实际存在的事物。

"化而裁之谓之变"："化"有变化、转化的意思，"裁"有剪裁、判断、裁定的含义。这句话是说，对抽象的"道"和具体的"器"进行转化、调整，依据具体的情况做出判断和改变，这就是"变"。例如，在经济领域，可以根据市场规律（道）对企业的经营模式（器）进行调整，从传统的零售模式转化为线上线下相结合的销售模式就是一种变化。

"推而行之谓之通"："推"是推行、推广之意，"行"是实践、施行之意。把经过变化调整的"道"和"器"在实际中推行、实践，使其能够顺利地开展和运行，这就叫作"通"。例如，将新的企业经营模式在企业内部和市场中广泛推行，并且各个环节能够相互配合，业务能够顺利开展，就是达到了"通"的状态。

"举而措之天下之民谓之事业"："举"有拿起、提出、推举的意思，

"措"有放置、施行、运用的意思。将经过调整并能够顺利推行的"道"和"器"应用于天下百姓，让百姓受益，这才称得上是"事业"。例如，一项新的农业技术（器）在经过研究改进后，符合农业生产的科学规律（道），然后在广大农村地区推广，提高了收成，改善了农民的生活，这就是一项伟大的事业。

整段话从哲学层面阐述了抽象与具体的关系，并且指出了如何通过变化、推行，最终将"道"和"器"应用于社会大众来成就一番事业，体现了一种从理论（道）到实践（器），再通过实践的调整（变）和推广（通），最后服务社会（事业）的完整过程和理念。

在管理实践中，一方面管理者需探寻形而上的"道"，把握组织的核心价值、长远目标与战略方向，以高远的理念凝聚团队力量，引领全员朝着共同目标奋进；同时不能忽视形而下的"器"，熟练运用各类管理工具、精细的流程以及科学的方法，将宏大规划转化为可操作的步骤。面对动态多变的市场环境，要有"化而裁之"的果敢，敏锐洞察趋势，果断变革创新，优化内部结构、调整业务布局。更要"推而行之"，搭建顺畅的执行体系，破除沟通障碍，保障策略落地有声。而终极的追求是"举而措之天下之民"，将管理成效惠及员工、客户乃至整个社会，只有这样才能铸就伟大的管理事业，让组织在时代浪潮中稳健前行、蓬勃发展。

二、品《墨子》：志坚信笃，调研有成

原文

志不强者智不达；言不信者行不果。（《墨子·修身》）

■解析

志向不坚定的人智慧就得不到充分发挥；说话不守信的人做事就不会有好结果。

这句话对管理者做好调查研究工作有重要启示：一方面，管理者应坚定开展调查研究的决心，认识到其对企业发展的关键作用，树立强烈使命感，明确调研目标和方向，以坚韧不拔的毅力克服调研中的困难，充分发挥智慧获取有价值的信息；另一方面，要秉持诚信原则，确保调研数据真实可靠，真诚对待调研对象，依据调研结果切实行动，将其转化为决策和解决方案，为企业带来实际效益，做到言行一致、知行合一。

三、品《朱子语类》：克服事务干扰，专注调查研究

■原文

人多言为事所夺，有妨讲学。此为"不能使船嫌溪曲"者也。（《朱子语类》）

■解析

"人多言为事所夺，有妨讲学"：很多人都说自己被各种事务牵绊、占据了时间，以至于妨碍了讲学。这里的"讲学"可以理解为学习、研究学问等相关的活动。这表明在朱熹（《朱子语类》是朱熹与其弟子问答的语录集）看来，很多人把不能进行学问研究的原因归结为被事务缠身。

"此为'不能使船嫌溪曲'者也"。这句话是一个比喻，意思是那些抱怨被事务耽误讲学的人，就像船夫不会划船却抱怨溪流弯曲一样。也

就是说，真正有志于学问（或者说在调查研究等事务中）的人，不应该把外部的事务当作阻碍，而应该积极主动地去克服困难，不能因为客观条件而放弃或者抱怨。

在调查研究中，也会出现类似的情况。有些人会说自己没有时间、精力深入开展调查研究，或被其他事务打断、干扰。但实际上，这可能是一种借口。真正想要做好调查研究的人，应该懂得合理安排时间，或者寻找方法来应对这些问题的干扰，而不是把这些问题当作无法进行调查研究的理由。例如，调查者可以提前规划好调查的步骤和时间安排，即便有其他事务插入，也能够灵活调整，而不是单纯地抱怨被夺走了调查研究的时间。

四、品《战国策》：因时制宜，创新调研

原文

谚曰："以书为御者，不尽于马之情；以古制今者，不达于事之变。"故循法之功，不足以高世；法古之学，不足以制今。（《战国策·赵策二》）

解析

"以书为御者，不尽于马之情"："以书御"意思是凭借书本知识来驾驭。这句话是说，仅仅依靠书本知识来驾车的人，是不能完全了解马的性情的。书本知识可能是比较理论化、标准化的内容，而每匹马都有自己的特点，比如有的马性格温顺，有的马比较刚烈，实际驾车过程中需要根据马的实时状态来驾驭，不能仅仅依靠书上写的方法。

"以古制今者，不达于事之变"："以古制今"是指用古代的办法来治理现在的事情。这句话是说，一味地用古代的制度、方法来处理当今的事务，是不能适应事情的变化的。时代在发展，社会在进步，古今的情况有很大的差异，古代的方法可能在当时的环境下是有效的，但现在的情况已经不同，有了新的问题、新的需求，所以不能简单地照搬古代的做法。

"故循法之功，不足以高世"："循法之功"是指遵循旧有方法所取得的功绩。这句话是说，因此，仅仅遵循旧有的方法而取得的功绩，是不足以在世上显得突出的。因为如果只是守着旧的一套，没有创新，没有根据实际情况进行调整，那么所取得的成果也是有限的，很难超越前人或者在时代中脱颖而出。

"法古之学，不足以制今"："法古之学"是指效法古代的学问。这句话是说，单纯地学习古代的做法、学问，是不足以治理好现在的社会的。治理当代社会需要结合当下的实际情况，考虑当下的社会结构、经济模式、文化观念等诸多因素，古代的学问可以作为参考，但不能直接拿来作为治理当下社会的准则。

这段话强调了不能教条地依赖书本知识和古代的方法，而要根据实际情况，特别是当下的具体情况灵活应变。无论是驾驭马匹这种具体事务，还是治理国家这样的大事，都需要考虑到事物是变化发展的，不能因循守旧，要与时俱进，以适应新的形势和变化。在调查研究中，也不能只依赖过去的经验和方法，而要结合实际情况，充分了解当下研究对象的特点，才能使研究更有成效。

五、品《论语》：避偏求正，精准调研

▎原文

攻乎异端，斯害也已！（《论语·为政》）

▎解析

《论语》的这句话虽然简短，但含义比较丰富，并且在后世也引发了诸多不同的解读。它体现了孔子对于不同思想观念和行为的态度。

"攻"字有两种常见的解释：一种是"攻击、批判"，另一种是"致力于、专心研究"。"异端"一般是指不符合正统思想的主张或学说。在孔子所处的时代，可能是指与儒家倡导的"仁、礼"等观念相违背的观念和行为。"斯"是"这、此"的意思。"害"为"有害、祸害"之意。"也已"是语气词，在这里起加强语气的作用。

如果将"攻"解释为"攻击、批判"，这句话的意思是"批判那些不符合正统思想的主张，这是有害的"。这种解释下，孔子是在提醒人们，过度地攻击不同的观点可能会带来不良的后果。因为在思想的交流中，一味地批判可能会引发矛盾和冲突，而且也有可能阻碍自己对多元思想的吸收和思考。例如，在学术讨论中，如果只是忙于批判和自己不同的观点，而不去理解其背后的逻辑和价值，就可能陷入狭隘，不利于学术的进步和自身思想的成长。

如果将"攻"解释为"致力于、专心研究"，这句话的意思是"专门研究那些不正当的学说，这是有害的"。从这个角度理解，孔子是在告诫人们要选择正确的思想方向。如果沉迷于一些有害的、不符合主流价值观的思想，如极端的个人主义、不道德的功利主义等，会对个人和社会产生危害。比如，一个人如果整天钻研旁门左道的致富手段，而不是

通过正当的劳动和智慧获取财富，那么就可能会做出违法犯罪的行为，对自己和社会造成伤害。

这句话对管理者做好调查研究工作有着重要启示。在进行调查研究时，管理者不能陷入极端或片面的思维方式。一方面，不能只专注于单一的观点或方法，而应广泛听取不同的声音，包括来自员工、客户、合作伙伴等各方面的意见。如果管理者过度执着于某一种特定的理念或策略，而对其他可能的途径一概否定，就如同"攻乎异端"，可能会错过许多有价值的信息和创新的机会，从而给企业带来危害。另一方面，在分析问题和制定决策的过程中，要保持客观和全面，避免被不恰当的、短视的观念误导。只有以开放的心态和多元的视角去开展调查研究，才能准确把握实际情况，为企业的发展做出明智的决策。

六、品《吕氏春秋》：力戒"自多"，扎实做好调查研究

原文

人主之患也，不在于自少，而在于自多。自多则辞受，辞受则原竭。(《吕氏春秋·恃君览·骄恣》)

解析

君主的弊病，不在于自己看轻自己，而在于自己看重自己。自己看重自己，那么该接受的意见就会加以拒绝。拒绝接受意见，那么进谏之路就堵塞了。

结合做好调查研究来看，做好调查研究首先要避免"自多"，也就是避免自以为是、自我满足。在调查研究中，如果领导干部自视甚高，

就会拒绝接受不同的意见和真实的情况反馈，这样就无法真正了解问题的本质和全貌，调查研究也就失去了意义。只有保持谦虚谨慎的态度，广泛听取各方面的意见和建议，才能扎实做好调查研究工作，为科学决策提供准确依据。

七、品《黄石公三略》："察众心"以行调研，"施百务"而促发展

原文

军国之要，察众心，施百务。(《黄石公三略·上略》)

解析

治理国家和军队的关键在于体察民众的心意，施行众多适宜的政策举措。

结合做好调查研究，这句话强调了在调查研究过程中要像治理国家和军队重视体察民众心意一样，深入了解群众的所思所想所盼。只有真正察众心，才能找准问题所在，进而制定出切实可行的、如"百务"般丰富多样的解决方案，推动各项事业不断发展。

八、品《国语》：善纳良言，敬畏不足，以调查研究得民济志

原文

闻一善若惊，得一士若赏，有过必悛，有不善必惧。是故得民以济其志。(《国语·楚语下》)

解析

听到一句有益的话就惊喜，得到一个贤能之士就赏识，有了过错一定悔改，有不好的行为一定畏惧。所以能够得到民众的支持来实现自己的志向。

结合做好调查研究，在调查研究中，我们应该像引文中所表达的那样，听到一个好的建议就高度重视，如同惊喜一般；遇到有能力的人提出的见解如同获得珍宝般赏识。如果在调查研究中发现自己有错误或不足，一定要及时改正；对可能存在的问题和不善之处保持敬畏之心。只有这样，我们才能通过调查研究真正了解民众的需求和意愿，得到民众的支持，从而实现我们推动工作、促进发展的志向。

九、品《淮南子》：重"一言之当"，优调查研究之法

原文

得万人之兵，不如闻一言之当。(《淮南子·说山训》)

> **解析**

得到万人组成的军队,不如听到一句恰当的话。

结合做好调查研究,这句话强调在调查研究中,不能仅仅追求大量的数据、广泛的样本(就像万人之兵),更要重视那些恰当、精准、切中要害的观点和建议。做好调查研究要善于倾听关键的一言,从众多的信息中提炼出最有价值的内容,以提升调查研究的质量和成效。

第七章

要坚持唯物主义的立场

调查研究是谋事之基、成事之道。在这个过程中,坚持唯物主义的立场至关重要。在古代典籍中,不乏古人在调查研究中坚持唯物主义立场的体现。《论语·八佾》中记载"子入太庙,每事问"。孔子参加鲁国国君祭祖典礼时,进入太庙对每件事都询问,这体现了他对未知事物积极探索、注重调查的态度,不主观臆断,通过询问来获取准确信息,以更好地了解和研究礼俗。《管子》中记载,管仲在制定政策前会走访各地,观察农业生产状况,了解百姓生活需求等。通过这些,他能全面准确掌握实际情况,从而有效推进改革,辅助齐桓公成为春秋五霸当中的第一霸。

一、品《汉书》:修学好古,实事求是

原文

修学好古,实事求是。(《汉书·河间献王刘德传》)

▎解析

据《汉书》记载，西汉河间献王刘德爱好古代文化，对古代文化的研究十分认真，总是在掌握充分的事实根据以后，才从中求得正确可靠的结论。"修学好古，实事求是"，这句话体现了一种严谨的治学态度，后"实事求是"一词的含义不断演变和拓展，成为一种重要的思想方法和工作原则。

企业管理者在调查研究中同样需要秉持这种精神和追求。首先要"修学好古"，借鉴历史上成功的管理经验和调查方法。可以学习古代商业智慧，了解不同时期企业发展的成功案例，从中汲取有益的启示。同时，更要做到"实事求是"。深入企业内部各个部门，了解员工的工作状态、需求和意见；考察市场环境，掌握竞争对手的动态和行业发展趋势；与客户进行沟通，倾听他们的反馈和期望。在这个过程中，务必以客观、真实的态度去收集信息，不被表面现象所迷惑，不夸大或缩小问题。只有将"修学好古"与"实事求是"相结合，企业管理者才能制定出符合企业实际情况的发展战略和决策，推动企业不断发展壮大。

二、品《礼记》：格物致知，诚意调研

▎原文

物格而后知至，知至而后意诚。（《礼记·大学》）

▎解析

《礼记·大学》是一篇论述儒家修身治国平天下思想的散文。"物格而后知至，知至而后意诚"是其"八条目"（格物、致知、诚意、正心、

修身、齐家、治国、平天下）中的重要部分。其含义是通过对万事万物的研究、认识后，才能获取知识；获得知识后，意念才能真诚。这体现了一种认知和道德修养逐步递进的理念。

对于企业管理者来说，做好调查研究也需要遵循这样的道理。

企业管理者首先要像"格物"一样，深入细致地对企业内外的各种情况进行调查，包括市场动态、客户需求、竞争对手情况、员工状态、行业发展趋势等。通过全面、系统地收集信息和分析数据，达到"知至"的状态，真正了解企业所面临的机遇和挑战。只有在充分掌握这些情况后，管理者才能以真诚的"意诚"态度去对待调查研究的结果，不回避问题，不盲目乐观，从而制定出切实可行的发展策略和决策，推动企业不断进步。

三、品《道德经》：循自然之理，启调研之路

原文

人法地，地法天，天法道，道法自然。（《道德经》第二十五章）

解析

在这句话中，老子阐述了一种系统的、以自然为最高准则的哲学观念。"人法地"是指人要以大地为法则，大地承载万物，人们的起居生活等诸多方面都依赖大地的物产等诸多属性；"地法天"意思是大地的运行规律等要遵循天的规则，比如四季变化、气候变化等受到天体运行的影响；"天法道"表明天的运行也是要遵循"道"的规律，这里的"道"是老子哲学的核心概念，它是一种先于天地存在的、支配万物运行的根本

性的规律;"道法自然"是说"道"的法则就是自然而然,顺应自然的状态是"道"的体现,强调了一种尊重自然、顺应自然的哲学理念。这四点层层递进,构建了老子从人事到自然,最终回归到自然本真状态的哲学思考框架。

这句话对企业管理者做好调查研究有如下启示。

首先,管理者在进行调查研究时,应像"人法地"一样,深入了解企业所处的市场环境、行业现状、地域特点等实际情况,就像人要依据大地的特性来生存发展。例如,企业在不同地区开展业务,需要了解当地的消费习惯、文化背景、政策法规等,以便制定针对性的市场策略。

其次,"地法天"启示管理者要关注宏观经济形势、政策走向、行业趋势等更大范围的因素,就像大地受天体运行的影响。比如,宏观经济政策的调整可能会影响企业的融资成本和市场需求,行业技术的创新可能会改变企业的竞争格局,管理者需要及时掌握这些信息,做出相应的决策。

再次,"天法道"提醒管理者要遵循商业发展的内在规律和原则,找到企业发展的正确方向。这需要管理者对企业的核心竞争力、战略定位等有清晰的认识,不盲目跟风,坚守企业的发展之道。

最后,"道法自然"要求管理者在调查研究中保持一种顺应自然、尊重客观规律的态度。不强行干预市场,而是根据市场的反馈和企业的实际情况,灵活调整策略,实现企业的可持续发展。

四、品《韩非子》:明功用之准,行务实调研

■原文

今听言观行,不以功用为之的彀,言虽至察,行虽至坚,则妄发之

说也。是以乱世之听言也，以难知为察，以博文为辩；其观行也，以离群为贤，以犯上为抗。人主者说辩察之言，尊贤抗之行，故夫作法术之人，立取舍之行，别辞争之论，而莫为之正。是以儒服、带剑者众，而耕战之士寡；坚白、无厚之词章，而宪令之法息。故曰：上不明，则辩生焉。(《韩非子·问辩》)

> **解析**

如今听取言论、观察行为，如果不把实际功效作为衡量的标准，那么即使言论极为明察，行为极为坚定，也不过是些妄发的议论罢了。因此在混乱的世道中，听取言论时，会把晦涩难懂当作明察，把知识渊博、能说会道当作善辩；观察行为时，会把离群索居当作贤能，把冒犯上级当作刚正不阿。君主喜欢听那些善辩、明察的言论，尊崇那些所谓贤能、刚正的行为，所以那些制定法令制度的人，他们虽然确立行为的取舍标准，提出辨别言辞争论的是非，却没有人能对此做出正确的评判。正因为这样，穿着儒生服装的人和佩剑的侠客越来越多，而从事农耕和作战的人越来越少；研究"坚白""无厚"之类论题的文章越来越多，而有关国家法令的实施却越来越松弛。所以说：君主如果不明事理，那么无谓的争辩就会产生。

同样的道理，如果企业管理者不能明确以实际功效为导向，就容易陷入类似的误区。因此，企业管理者在进行调查研究时，应明确以实际功用为准则，不能被看似高深复杂却无实际价值的言论和行为所误导，要像重视企业的实际效益一样重视调查研究的实际成果。管理者在调查市场需求时，不能被一些华而不实的概念和理论迷惑，而要以能否为企业带来实际的市场机会和利润增长为判断标准。在考察员工行为时，不能仅仅因为某些员工特立独行就认为他们贤能，而要看他们的行为是否真正有助于企业目标的实现。只有这样，管理者才能进行务实有效的调查研究，为企业的发展制定正确的战略和决策。

五、品《韩非子》：听言有道，调研有方

原文

凡听之道，以其所出，反以为之入。(《韩非子·扬权》)

解析

这句话强调了听取意见的一种方法，即从对方的言论出发，反过来思考并作为自己的参考。对于企业管理者在进行调查研究时，也有着重要的启示。

企业管理者在调查研究过程中，要善于倾听各方意见。无论是员工的建议、客户的反馈还是专家的意见，都不能简单地一听了之。就像"凡听之道"所讲，要从这些意见的出发点去深入思考，分析其背后的原因和动机。比如员工提出改善工作环境的建议，管理者不能仅仅关注表面的需求，而要思考员工为什么会有这样的诉求，是工作压力过大需要更好的环境来缓解，还是现有环境确实影响了工作效率。

同时，管理者要将这些听取来的意见"反以为之入"，转化为自己进行决策和改进的依据。对于客户反馈产品的某个功能不好用，管理者要深入研究这个问题，将其作为改进产品的切入点，提升产品的竞争力。在与竞争对手交流或者分析竞争对手的策略时，也要从对方的行动出发，反思自己企业的优势和不足，从而制定更有效的发展战略。

只有这样，企业管理者才能在调查研究中充分发挥"听"的智慧，做出更明智的决策，推动企业不断发展。

六、品《淮南子》：广纳众言，唯求实效

▍原文

使言之而是，虽在褐夫刍荛，犹不可弃也；使言之而非也，虽在卿相人君，揄策于庙堂之上，未必可用。是非之所在，不可以贵贱尊卑论也。是明主之听于群臣，其计乃可用，不羞其位；其言可行，而不责其辩。(《淮南子·主术训》)

▍解析

如果言论正确，即使是平民百姓、割草打柴的人所说，也不能舍弃；如果言论错误，即使是卿相、君主在朝廷上提出的主张，也未必可用。是非的判定不能依据人的贵贱尊卑来论定。明智的君主听取群臣的意见，只要计策可用，就不会因为提出者的地位低而感到羞耻；只要言论可行，就不会责难其表达是否善辩。

对于企业管理者来说，在进行调查研究时，应像明智的君主一样，广泛听取来自不同层级员工的意见。不能因为员工职位低就忽视他们的建议。比如基层员工可能对实际生产流程中的问题有更深刻的认识，他们提出的改进建议可能会对提高生产效率有很大帮助。同时，管理者不应过分关注意见提出者的表达能力，而应注重意见的实际可行性。无论是言辞华丽还是朴实，只要对企业发展有实际价值，都应认真考虑并采

纳。只有这样，企业管理者才能通过全面、客观的调查研究，为企业制定出更加科学合理的发展策略。

七、品《左传》：善听如医，防患未然

原文

岂不遽止？然犹防川：大决所犯，伤人必多，吾不克救也；不如小决使道，不如吾闻而药之也。（《左传·襄公三十一年》）

解析

这是郑国的子产所说的话。当时郑国人在乡校里游玩聚会，议论执政者的得失。有人建议毁掉乡校，子产则表示人们议论执政的好坏就像防止河水泛滥一样，强硬堵塞可能会引发更大的灾祸，不如把这些议论当作良药来对待，体现了一种开明的执政理念。

这段话的意思是，难道不能很快地制止这些议论吗？但是就像防止河水决堤一样，大水一旦冲垮堤防，伤害的人一定很多，我就无法挽救了。不如开个小口子加以疏导，不如让我听到这些意见并把它们当作治病的良药。

对于企业管理者来说，在进行调查研究时，可以从中得到以下启示。

企业内部员工的意见和反馈就像河水，如果管理者一味地压制，不让员工表达不同的看法，那么一旦问题积累到一定程度，就可能像河水决堤一样引发严重的后果。所以，管理者不能害怕听到负面的声音，而应该像子产对待乡校的议论一样，把员工的意见当作良药。

管理者要建立畅通的沟通渠道，让员工能够自由地表达自己的想法

和建议。这就像"小决使道",通过小的渠道让意见得以流通,从而及时发现问题并加以解决。同时,管理者要以积极的态度对待这些意见,认真分析并从中吸取有益的部分,用于改进企业的管理和决策。这样,企业才能不断发展进步,避免潜在的危机。

第八章

要发扬民主

古之典籍，充满智慧光芒。在《晏子春秋》中，晏子以睿智善谏，提醒君主要广纳良言，这是民主的开端。在调查研究中，企业管理者也应像晏子辅佐的君主那样，虚心听取各方意见。《黄石公三略·下略》虽是兵书，但强调知彼知己，对于企业管理而言，要做到知彼知己，就必须发扬民主，让不同层级的员工参与调查研究。基层员工熟知实际操作中的问题，中层干部把握部门动态，高层领导统筹全局，众人齐心协力，才能全面洞察。《韩非子》中提到明主应听取群臣意见，只要计策可用，就不应因提出者的地位而感到羞耻；只要言论可行，就不应责难其表达是否善辩。企业管理者在调查研究中，同样不应因地位而忽视任何有益建议。《尚书》有云"民惟邦本"，企业也是如此，员工是企业发展的根本。在调查研究中发扬民主，就是尊重员工的智慧和创造力，让员工积极参与，提出问题与解决方案，共同为企业的发展出谋划策。

总之，企业管理者在调查研究中发扬民主，充分听取不同层级员工的意见，尊重员工的智慧和创造力，是企业在激烈市场竞争中立于不败之地、不断发展壮大的重要保障。

一、品《晏子春秋》：广纳谏言，充分发扬民主

▍原文

天下者，非用一士之言也，固有受而不用，恶有拒而不受者哉！（《晏子春秋·内篇谏下》）

▍解析

治理天下，并不是只采用某一个人的言论主张。本来就会有虽然听取了意见但并不采用的情况，又哪里有拒绝听取而不接受意见的道理呢！对于企业管理者来说，做好调查研究也应秉持这样的理念。

企业管理者在进行调查研究时，不能只偏听偏信一家之言，而应广泛听取不同的声音。就像治理天下不能只依靠一个人的建议一样，企业的发展涉及众多方面，需要来自不同岗位、不同层次员工的意见和建议。管理者要积极主动地去收集各种信息，通过深入基层、与员工交流、开展市场调研等方式，获取全面而准确的第一手资料。

同时，管理者对于收集到的建议不能一概而论地全盘接受，而应进行分析和筛选，这就体现了"固有受而不用"。要结合企业的实际情况、战略目标和市场环境等因素，对建议进行评估，选择那些真正对企业发展有价值的建议加以采用。

而"恶有拒而不受者哉"则提醒管理者不能拒绝接受建议。即使有些建议可能在当下看起来不太可行，但也不能轻易否定，要保持开放的心态，鼓励员工积极建言献策。因为在不同的时期或条件下，曾经被认为不可行的建议可能会变得具有可行性。

总之，企业管理者在进行调查研究时，要以这句话为启示，广泛收

集建议，审慎筛选，积极采纳，从而为企业的科学决策和持续发展提供有力支持。

二、品《读通鉴论》：造就一个人人敢讲真话的民主氛围最难

原文

受谏之难也，非徒受之难，而致人使谏之尤难也。（《读通鉴论》卷十二）

解析

接受劝谏是困难的，不只是接受劝谏本身难，而让进谏的人敢于来劝谏尤其困难。对于企业管理者而言，在调查研究方面可以从中得到以下启示。

企业管理者要认识到在进行调查研究时，接受不同的意见和建议并非易事。一方面，管理者可能由于自身的经验、认知局限或地位等因素，对来自不同渠道的意见存在抵触情绪。但仅仅做到接受意见还不够，更要积极创造条件，让员工、合作伙伴等敢于提出意见和建议。

在调查研究中，管理者可以通过建立开放的沟通渠道、营造民主的企业文化氛围，鼓励员工大胆发表自己的看法。例如，定期召开员工座谈会、设立意见箱或利用线上沟通平台等方式，让员工感受到自己的声音能够被听到，并且能够对企业决策产生影响。

同时，管理者要对积极进谏的员工给予肯定和奖励，树立榜样，激发更多人参与到调查研究中来。对于提出有价值建议的员工，可以给予

物质奖励、荣誉表彰或职业发展机会等，让大家看到进谏的积极成果。

总之，企业管理者在调查研究中要以这句话为警醒，努力克服接受谏言的困难，更要采取措施让进谏之人敢于为企业发展贡献智慧。

三、品《明史》：纳谏于平时，决胜于危难

▌原文

平居无极言敢谏之臣，则临难无敌忾致命之士。（《明史·列传·卷一百三十六》）

▌解析

在平常的时候如果没有敢于极力进谏的臣子，那么在面临危难的时候就没有能够同仇敌忾、拼死效命的人。对于企业管理者来说，做好调查研究可以从以下几个方面借鉴这句话的含义。

在企业管理中，平常时期就相当于企业的稳定发展阶段。如果管理者在这个时候没有积极鼓励员工提出不同的意见和建议，没有营造出一个敢于直言正谏的氛围，那么当企业面临困难或危机时，就很难获得有价值的解决方案和员工的全力支持。

管理者要做好调查研究，首先，要建立畅通的沟通渠道，让员工能够毫无顾虑地表达自己的观点和想法。可以通过定期的员工反馈会议、匿名意见箱、在线沟通平台等方式，收集员工对企业各项工作的看法和建议。

其次，管理者要以开放的心态对待不同的意见，不能因为意见与自己的观点不符就加以排斥。要认识到不同的视角可能会发现企业存在的

潜在问题和机会，从而为企业的发展提供新的思路。

最后，对于提出有价值建议的员工要给予适当的奖励和认可，激励更多的人参与到调查研究中来。这样，在企业面临困难时，员工才会更有积极性和责任感，共同为解决问题而努力，就像有了"敌忾致命之士"。

总之，企业管理者要在平常时期就重视调查研究，积极接纳员工的谏言，为企业的可持续发展和应对危机奠定坚实的基础。

四、品《左传》：以员工之议为师，做好调查研究

原文

何为？夫人朝夕退而游焉，以议执政之善否，其所善者吾则行之，其所恶者吾则改之。（《左传·襄公三十一年》）

解析

为什么？人们早晚干完活儿回来到这里聚一下，议论下施政措施的好坏。他们认为好的，我们就推行；他们厌恶的，我们就改正。对于企业管理者来说，在进行调查研究时可以从中获得以下启示。

企业管理者应认识到员工的意见和反馈就像宝贵的老师。员工是企业日常运营的直接参与者，他们对企业的各项政策、管理方式以及工作环境有着最直观的感受。就像古人在乡校中议论施政措施一样，员工也会在工作之余交流对管理政策的看法。

管理者要做好调查研究，首先要为员工提供表达意见的渠道和平台。可以通过定期的员工满意度调查、小组讨论、一对一访谈等方式，

收集员工对企业管理各个方面的评价。

其次，管理者要以谦虚的态度对待员工的意见，不能轻视或忽视。对于员工认为好的方面，要继续坚持和发扬；对于员工指出的问题和不足之处，要及时进行反思和改进。

最后，管理者要将员工的意见纳入决策过程中，让员工感受到自己的声音被听到，自己的价值得到认可。这样不仅可以提高员工的工作积极性和满意度，也能为企业的发展提供更准确的方向和动力。

总之，企业管理者要把员工的议论当作老师，积极做好调查研究，推动企业不断进步。

五、品《尚书》：广纳言，善扬善，强执行

原文

工以纳言，时而飏之。格则承之庸之，否则威之。（《尚书·益稷》）

解析

飏：音 yáng，通"扬"，表扬、提拔、弘扬的意思。这两句话的意思是，要鼓励进献善言，好的言论要宣扬，符合标准的就采用并予以重用，不符合的就以权威进行纠正。对于企业管理者做好调查研究有如下启示。

企业管理者首先要像"工以纳言"那样积极主动地去收集各种意见和建议。可以通过开展员工问卷调查、定期召开座谈会、设立意见箱等多种方式，鼓励员工、客户、合作伙伴等各方畅所欲言，为企业的发展出谋划策。

对于收集到的好的建议和意见，要"时而飏之"，及时进行宣扬和表彰。这不仅可以激励提出建议的人继续为企业贡献智慧，也可以在企业内部营造出积极建言献策的良好氛围。

当建议符合企业的发展需求和标准时，就要"格则承之庸之"，果断地采纳并付诸实践，给予提出建议的人相应的奖励和晋升机会，让他们感受到自己的价值得到了认可。同时，对于切实可行的建议要积极推进落实，将其转化为企业的实际行动和成果。

而对于那些不符合企业实际情况或者不合理的建议，也不能置之不理，而是要"否则威之"。管理者要用明确的态度和合理的解释让员工明白为什么这些建议不可行，同时引导员工更加深入地思考问题，提出更有价值的建议。

总之，企业管理者在进行调查研究时，要广泛收集意见，善于宣扬好的建议，果断采用可行之策，以权威引导不合理的建议，从而为企业的持续发展提供有力支持。

六、品《韩非子》：明察始末，审慎决策

原文

人主欲为事，不通其端末，而以明其欲，有为之者，其为不得利，必以害反。（《韩非子·南面》）

解析

君主想要做某件事，如果不了解事情的来龙去脉，就明确表达自己的欲望去让别人执行，那么做事的人不但不能获得利益，反而一定会遭

受损害。对于企业管理者来说，在进行调查研究时，应从中汲取以下启示。

企业管理者在决策和推动各项事务之前，必须像了解事情的"端末"一样，进行全面深入的调查研究。如果管理者只是凭借主观臆断或片面的信息就明确下达指令，很可能导致决策失误，给企业带来损失。

首先，管理者要深入了解市场动态、行业趋势、竞争对手情况等外部因素。通过市场调研、数据分析、参加行业会议等方式，掌握宏观环境的变化，为企业的战略规划提供依据。

其次，管理者要了解企业内部的运营情况，包括各个部门的工作流程、员工的需求和意见、项目的进展等。可以通过走访基层、与员工交流、查看业务报表等方式，获取第一手资料。

在调查研究的基础上，管理者才能做出明智的决策，避免因盲目行动而带来的不良后果。同时，管理者还应鼓励员工积极参与调查研究，提出自己的见解和建议，共同为企业的发展贡献力量。

总之，企业管理者要以这句话为警示，重视调查研究，了解事情的全貌，从而做出有利于企业发展的决策。

七、品《黄石公三略》：官僚作风"英雄散"，自以为是谋者去

原文

将拒谏则英雄散，策不从则谋士叛。(《黄石公三略·上略》)

▎解析

将领如果拒绝接受劝谏，那么英雄豪杰就会离散；如果不采纳谋略，那么谋士就会叛离。对于企业管理者而言，在进行调查研究方面可以得到以下启示。

企业管理者在进行调查研究时，不能拒绝接受来自不同方面的意见和建议。就像将领不能拒谏一样，管理者如果对员工、下属的意见充耳不闻，就会失去他们的信任和支持，优秀的人才也会逐渐流失。管理者要积极主动地倾听员工的声音，通过员工反馈、团队讨论、客户意见收集等方式，广泛获取信息。

同时，对于在调查研究中得到的合理建议和策略，管理者要认真对待并积极采纳。如果管理者对好的策略不予采纳，那么就像谋士叛离一般，员工的积极性和创造力会受到打击。管理者应该以开放的心态评估各种建议，结合企业的实际情况进行决策，让员工感受到自己的努力和智慧得到了认可。

在调查研究过程中，管理者还应该注重与员工的沟通和互动，鼓励他们参与到决策的制定中来。这样不仅可以提高决策的质量，还能增强员工的归属感和责任感。

总之，企业管理者要以这句话为警醒，通过积极纳谏、从善如流的方式做好调查研究，从而凝聚人才，推动企业不断发展壮大。

八、品《孔子家语》：广纳谔谔之言，成就卓越企业

▎原文

汤武以谔谔而昌，桀纣以唯唯而亡。（《孔子家语·六本》）

> **解析**

"谔谔"：形容直话直说、正言谏诤的样子。"唯唯"：恭敬地应答，这里表示顺从、阿谀奉承的言语。这句话的意思是，商汤和周武王因为能听取直言进谏而使国家昌盛，夏桀和商纣因为只喜欢听阿谀奉承之词而导致国家灭亡。对于企业管理者来说，在进行调查研究时可以得到以下启示。

企业管理者要像商汤和周武王一样，积极鼓励员工提出不同的意见和建议，营造一个敢于直言的工作氛围。在调查研究过程中，不能只听好话、顺耳的话，而要主动寻求真实的反馈和批评。只有这样，才能全面了解企业的实际情况，发现存在的问题和不足。

同时，管理者要以身作则，展现出对不同意见的包容和尊重。当员工看到管理者真正重视他们的意见时，才会更加积极地参与到调查研究中来，为企业的发展贡献自己的智慧。

总之，企业管理者要以这句话为警醒，广纳谔谔之言，通过深入的调查研究，推动企业不断发展和进步。

九、品《潜夫论》：厚德纳言，保企政清明

> **原文**

故德薄者，恶闻美行；政乱者，恶闻治言。（《潜夫论·贤难》）

> **解析**

所以品德浅薄的人，讨厌听到美好的品行；政治混乱的人，讨厌听到治理国家的良言。对于企业管理者而言，在进行调查研究时可以得到

以下启示。

首先，企业管理者要注重自身品德修养，不能因为自身的狭隘和短视而抵触优秀的行为和理念。在调查研究中，要以开放的心态去接纳各种先进的管理经验、创新的思维模式以及员工的优秀表现。只有这样，才能不断提升自己的领导水平，为企业的发展注入正能量。

其次，管理者要认识到，一个企业如果管理混乱，就像"政乱者"一样，会对治企良言产生抵触情绪。因此，管理者要致力于建立良好的企业治理结构和管理秩序，为调查研究创造良好的环境。要通过明确的职责分工、科学的决策机制、有效的沟通渠道等，确保企业的各项工作有序进行。

总之，企业管理者要以这句话为警醒，不断提升自身品德修养，建立良好的企业治理结构，积极开展调查研究，鼓励员工直言进谏，为企业的持续发展奠定坚实的基础。

十、品《尚书》：审慎核实，依证决策

原文

简孚有众，惟貌有稽，无简不听，具严天威。（《尚书·吕刑》）

解析

检验要有众人参与，判断案情要依据事实，没有充分证据就不能断案，要保持上天的威严。对于企业管理者而言，在进行调查研究时可以得到以下启示。

企业管理者在进行调查研究时，应像古人断案一样审慎。"简孚有

众"提醒管理者在调查过程中要广泛收集各方意见和信息，不能仅仅依赖少数人的观点。可以通过与不同部门的员工交流、与客户沟通、参考行业报告等方式，确保信息的全面性。

"惟貌有稽"强调不能只看表面现象，而要深入考察实际情况。管理者不能被一时的表象所迷惑，要通过实地考察、数据分析等手段，挖掘问题的本质和根源。

"无简不听"意味着没有充分的依据不能轻易做出决策。管理者在面对各种问题和建议时，要进行深入的分析和论证，确保决策有可靠的依据。可以通过建立科学的决策模型、进行风险评估等方式，提高决策的准确性。

"具严天威"则表示管理者在调查研究和决策过程中要保持严谨的态度，就像敬畏上天的威严一样。要有责任感和使命感，对企业和员工负责，确保决策的公正性和合理性。

总之，企业管理者要以这句话为指导，在调查研究中做到广泛收集信息、深入考察实际、依证决策、保持严谨，为企业的发展做出正确的决策。

第三篇
如何在调查的基础上做好研究

在调查过程中所获取的各类信息（资料）通常是杂乱无章、流于表面、支离破碎、片面局限、缺乏连贯性与系统性的。作为公司的管理者与决策者，需要依据这些资料展开深入的分析、归纳、总结以及演绎工作。要运用正确的逻辑将零碎的资料串联起来进行研究；借助各种片面的材料洞察市场变化的全貌；透过不连贯的材料把握事物的内在关联与本质特性；凭借不系统的材料总结出根本的运动规律与市场的变动趋向。一旦抓住主要矛盾并认清矛盾的主要方面，洞悉事物的本质与规律，再繁杂的事情也会变得简单明了。认识到客观事物的根源所在，从根本处发力，顺应其发展态势，便能妥善地掌控这一事物。

因此，对于管理者而言，理论概括能力极为重要，即能够将那些通过调查得来的杂乱、表面、零碎、片面、不连贯、不系统的资料梳理整合，形成有条有理、具有内在联系、系统全面、连贯一致且富有规律性的认知。

第九章

要善于透过现象看本质

　　任何事物都需要凭借特定形式予以呈现，与此同时，任何的物质形式都蕴含内在本质。本质与形式相互依存，本质借形式彰显，形式包孕本质。本质与形式分属不同范畴，二者存在矛盾对立统一关系。形式具有直观具体性，本质则相对抽象；形式呈现有形之态，本质却隐匿无形；形式能为人们感官所感知，本质则需凭借理性思维去把握，无法直接感触；形式展露于外，本质潜藏于内。当形式与本质契合无间或大体相符时，事物便处于健康、合理且真实的状态；反之，如果形式与本质严重背离乃至相互对立，事物则陷入不健康、不合理且带有欺骗性的境地，此即所谓"形式主义"现象。

　　所谓认识事物，其核心要义在于洞察事物的本质；而所谓研究，实则是竭力探寻事物的本质特征以及内在规律。

　　管理决策者开展调查工作，目的在于全方位、深层次地知悉自身工作对象的各种情形；而进行研究，则是要透过这些经由调查所获取的信息，洞悉其内在本质与关键问题，进而精准把握其独特的运动规律以及未来的发展趋势。

　　由此可见，透过现象看本质的能力，不仅是一位卓越领导者最为关键的能力素养，也是一名优秀理论工作者不可或缺的核心能力。

一、品《礼记》：抓住事物的根本，把牢事物的源头

原文

物有本末，事有终始。知所先后，则近道矣。(《礼记·大学》)

解析

万物都有其本末轻重，任何事情都有开始和结束。如果能够明白事物发展的先后顺序，就离掌握事物的规律（或正确的做事方法）不远了。

"根本"一词中，"根"意指树的根本在于根部。相较而言，树的枝叶、花朵以及果实都属于末节。比如植树，让树苗在土壤中深植根基、顺利适应周遭环境，这个环节才最为紧要；至于树木能否长大成材、绽放花朵、结出硕果，反倒并非关键所在。只要树苗能够稳稳扎根于土壤，便意味着守住了其生存发展的核心要素，如此一来，日后的开花结果、茁壮成长便会遵循自然规律，自然而然地达成，就好像水到渠成一般顺利。反之，如果一味地将心思全放在树木的成材、开花、结果之上，只惦记着这些表象成果，极有可能因过于心急而采取拔苗助长这类不当举措，最终致使树苗夭折。后面这种情形，便是人们常说的"本末倒置"，也称作"舍本逐末"。

在企业的经营与管理范畴内，存在如本与末、源与流、主要矛盾与次要矛盾、矛盾主要方面与次要方面的复杂关系，而妥善处理这些关系尤为关键。例如，虽然任何企业的运营目标都包含盈利，但是如果想真正实现盈利，其根本核心在于为顾客提供优质服务。如果企业在运营过程中错误地将盈利诉求置于首位，而将服务顾客的宗旨放在次位，无疑是犯了本末倒置的严重错误。

类似,在成本与质量的权衡中,质量才是企业得以长久立足的根本要素。如果一味地追求成本控制而忽视质量保障,企业产品或服务的口碑必然受损,最终影响盈利与发展。在生产效率和生产安全的关系处理上,必须始终将安全视为重中之重。一旦忽视安全,即便短期内生产效率有所提升,但潜在的安全事故风险可能导致企业面临巨大损失,包括人员伤亡、法律纠纷等,可谓得不偿失。再者,在决策指挥与调查研究的关系里,深入细致的调查研究应作为决策的根本依据。缺乏充分调研而盲目指挥决策,往往会使企业陷入困境,因决策失误而导致资源浪费、战略偏差等不良后果。

二、品《淮南子》：管理者要能"见人所不见""知人所不知"

■原文

夫将者,必独见独知。独见者,见人所不见也;独知者,知人所不知也。(《淮南子·兵略训》)

■解析

作为将领,必须有独到的见解和独特的认知。所谓独到的见解,就是能洞察别人所看不到的。所谓独到的认识,就是知道别人所不知道的客观事物的内在运动规律,能认识各个事物的本质。

优秀的管理者就像将领一般,不能人云亦云,要具备敏锐的洞察力,能在复杂的局势和海量的信息中发现那些被他人忽视的关键要素,比如潜在的市场机会、隐藏的风险隐患、被埋没的员工才能等。通过独见独知，管理者可以提前布局，抢占先机，在竞争中脱颖而出。例如，在产品研发方向上，如果能洞察到尚未被大众关注但极具潜力的用户需求，率先投入研发，就能推出创新型产品，引领市场潮流。同时，在团队管理中，了解员工一些不为人知的潜力、困难或想法，能够更精准地进行人才调配、提供针对性的支持与激励，从而激发团队最大的效能，使组织在不断变化的环境中始终保持先进性与竞争力，实现可持续发展。

三、品《史记》：透过现象看本质，顺应趋势不失时

原文

盖闻圣人迁徙无常，就变而从时，见末而知本，观指而睹归。物固有之，安得常法哉！（《史记·李斯列传》）

解析

听说圣人的行踪没有固定不变的模式，他们顺应变化并遵循时势，看到事物的末梢就能知道其根本，观察事物的趋向就能预见其归宿。事物原本就有这样的特性，哪里会有一成不变的法则呢！《史记》中的这两句话强调了一种顺应变化、洞察事物本质和发展趋势的智慧与理念，即不墨守成规，而是依据事物的动态变化灵活应对并把握其内在规律。

从管理学的角度来看，这启示管理者不能墨守成规，要具备敏锐的洞察力和应变能力。在复杂多变的商业环境中，市场趋势、消费者需求、技术革新等都处于不断的变化之中。管理者应像圣人一样，不局限于既定的模式和方法，能够及时察觉环境的细微变化，从细微之处洞察

到整体发展的态势，提前预判业务发展的走向并调整战略。例如，当新的消费趋势出现时，不能固执地坚守旧有的产品或服务模式，而是要迅速做出反应，调整产品研发、市场营销等策略，以适应新的市场需求，从而在激烈的竞争中保持企业的灵活性与竞争力，使企业能够在不断变化的浪潮中顺势而为，持续发展壮大。

四、品《六韬》：依天常民性，"因""化"结合达圣德之境

▎原文

天有常形，民有常生，与天下共其生，而天下静矣。太上因之，其次化之。夫民化而从政，是以天无为而成事，民无与而自富，此圣人之德也。(《六韬·文启》)

▎解析

天有着恒定的运行规律与外在形态，民众有着惯常的生存模式与需求，统治者如果能与天下百姓和谐共生，则天下安宁平静。治理天下最为上乘的做法是顺应自然规律与百姓天性，其次是通过教化来引导民众，民众接受教化后便会遵循政令。正因如此，天看似无所作为却能自然成就万事万物，百姓无需过多外力干预就能实现自身富足，这便是圣人所具备的高尚品德与卓越治理之道。

管理者要深知企业运营环境如"天"有其固有规律，像市场规律、行业发展趋势等不可违背，员工如"民"有自身的需求与特性，尊重这些是管理根基。领导策略上应优先"因之"，给予员工自主空间，

如创新项目中让成员根据自身优势开展工作,管理者提供资源与目标指引以激发创造力;同时辅以"化之",借助培训、文化建设等将企业价值观与规范传递给员工使其契合企业战略。秉持"无为而治"理念,宏观上把控战略,如集团对子公司放权仅掌控关键框架,子公司根据当地市场灵活做决策;微观上营造良好环境,通过公平考核、激励薪酬、包容文化促使员工自我驱动成长,在实现自我价值同时推动企业发展,追求企业与员工协同共进的理想状态。

五、品《呻吟语》:"'因'之一字,妙不可言",因势利导万事成功

原文

"因"之一字,妙不可言。因利者无一钱之费,因害者无一力之劳,因情者无一念之拂,因言者无一语之争。或曰:"不几于徇乎?"曰:"此转人而徇我者也。"或曰:"不几于术乎?"曰:"此因势而利导者也。"故惟圣人善用因,智者善用因。(《呻吟语·应务》)

解析

"因"这个字,其中的妙处难以言表。顺着利益行事则不用花费一文钱,借着有害的形势行事则不用耗费一丝力气,依据人情世故行事则不会有一点念头的拂逆,根据他人言论行事则不会有一语的争执。有人或许会说:这不是近乎曲从吗?回答是:这其实是让他人来曲从我。又有人说:这不是近乎权术吗?回答是:这是因势利导的方法。所以只有圣人和智者善于运用"因"。

《史记·孙子吴起列传》中载有："善战者因其势而利导之。"其中"因"字之义，涵盖顺应、凭借、遵循、顺势而行等意。即需依据客观规律来制定自身的路线、方针、计划以及政策；依照万物运动、演进、变化的趋向开展工作。如果在制订计划之际严格遵循万物之理，那么在付诸实践之时，万物便会依循我们的规划运行，听从我们的指令，服从我们的管理调配，而且会自发地助力我们达成工作目标，收获成功硕果。

对于管理者来说，管理者要善于把握"因"的智慧。在资源利用方面，要善于借助已有的有利条件，如现有的市场优势、成熟的技术平台等，避免不必要的资源投入与浪费，实现低成本高效益的运营。在应对挑战时，巧妙利用外部不利因素的相互制衡关系，化解危机而不费大力气。在团队协作和人际关系处理上，顺应员工的情感需求与心理期望，能减少内部矛盾与抵触情绪，使员工更积极主动地投入工作。同时，根据各方反馈与意见灵活调整策略，避免无谓的争论与对抗，凝聚团队力量朝着共同目标前进。但也要注意把握好"因"的尺度，避免过度利用而陷入权谋之嫌，以真诚和长远的战略眼光引导组织发展，从而提升管理效率与组织竞争力，在复杂多变的商业环境中实现持续稳健的发展。

六、品《吕氏春秋》：管理决策必有过，原则根本不可错

原文

事有可以过者，有不可以过者。而身死国亡，则胡可以过？此贤主之所重，惑主之所轻也。（《吕氏春秋·知化》）

▎解析

　　事情有些是可以宽容对待、忽略不计的，有些则是绝不能忽视、不可以有失误的。而关乎身死国亡的大事，怎么能够忽视呢？这是贤明的君主所重视的，却是昏庸的君主所轻视的。

　　无论是在工作场景还是日常生活情境之中，人们在做决策的时候，总会无可避免地犯下各式各样的过错。实际上，某些事务即便出现一些失误，也不会引发严重后果；然而，在那些关乎根本与原则性的关键问题上，却是绝对不容许有丝毫差池的。

　　举例来说，人的生命仅有一次，生命安全以及人身自由无疑是个人最为紧要的事，绝对不能出现任何闪失。但令人遗憾的是，一部分人却罔顾生命安全，例如为追求外貌改变而冒险整容、为寻求刺激去探险、因一时冲动参与打架斗殴、为追求速度快感而进行飙车等行为，都是将自身生命健康置于危险境地；还有些人全然不顾失去人身自由的巨大风险，从事违法犯罪活动，这些行为最终可能导致被抓捕、被判刑，使自己陷入失去自由的困境，追悔莫及。

　　在管理方面，管理者需要明确区分事务的轻重缓急与关键重要性。在日常运营中，会面临诸多琐碎事务，有些小问题、小失误或许不会对整体大局产生根本性影响，可以在一定程度上容忍或采取较为宽松的处理方式。然而，对于那些关乎企业生死存亡、战略方向、核心竞争力以及重大利益的关键事项，如重大项目决策、核心技术研发、关键人才流失风险等，必须给予高度重视，绝不能掉以轻心。贤明的管理者会聚焦这些关键要点，投入足够的精力与资源进行深入研究、谨慎决策并严格把控执行过程；而那些缺乏洞察力与判断力的管理者，可能会在无关紧要的事务上浪费大量时间与精力，却对核心问题视而不见或草率处理，这将极大地增加企业面临危机的风险，甚至可能导致企业走向衰败。因此，管理者应建立起精准的事务评估体系，确保在面对复杂事务时能够迅速准确地判断并重点处理那些不可忽视的关键事宜，保障企业的稳定与长远发展。

第十章

要善于抓主要矛盾和矛盾的主要方面

任何事物，不管是具体的实物还是企业这类组织体，都必然依存于特定的空间，并在持续推移的时间进程中运行不息。它始终与周边的万事万物相互交织，与其他事物彼此联系、相互作用、相互依存、相互斗争、相互促进、相互转化，处在纷繁复杂、数不胜数的矛盾网络之中。

在这众多对立统一的矛盾组合里，总有一组矛盾处于主导地位，其余则属于次要矛盾。而在每一组矛盾的两个对立面中，必定有一方占据主要的、根本性的地位（即矛盾的主要方面），另一方则处于辅助性的、较为边缘的地位（即矛盾的次要方面）。正因为存在主要矛盾以及矛盾的主要方面，每个事物才能维持其独立的、具有明确性质且依循特定运动规律不断发展变化的个体特性。

人们如果要认知某个事物，关键在于把握该事物内在的本质（即其独特个性），而这就需要着力去认识其内部的主要矛盾与矛盾的主要方面；如果要洞悉该事物的运动规律以及它与周围事物的相互关系，那就必须致力于认识它在更大系统里与其他事物相互作用时所展现出的主要矛盾与矛盾的主要方面。

——

一、品《荀子》：抓住了主要矛盾，复杂之事也化繁为简

原文

总天下之要，治海内之众，若使一人。故操弥约而事弥大。(《荀子·不苟》)

解析

掌握了治理天下的最根本的、最关键的要领（抓住了事物运动变化发展的主要矛盾），那治理四海之内的民众，就可以像是支配一个人一样得心应手。所以说，掌握的（治国之法等）越是简约，能成就的事业就越是宏大。

对于管理者而言，这两句话启示要善于抓住关键与核心，避免陷入繁杂琐碎的事务管理中。管理者应具备宏观的把控能力和战略眼光，精简管理流程与方式，以高效的指挥和协调机制来调配资源、安排任务，从而能以较小的管理成本和精力投入，实现大规模、高效能的团队运作与业务推进，使整个组织顺畅运行。例如，一个企业管理者如果能够抓住企业运营的关键环节，如核心技术研发、关键客户维护、高效的供应链管理等，用简洁高效的管理模式（如明确的目标责任制、简洁的流程管理），就可以轻松地管理庞大的企业团队，并且能够高效地开展大规模的业务。

二、品《荀子》：把握要点"百事详"，总抓枝节"百事荒"

原文

主好要，则百事详；主好详，而百事荒。(《荀子·王霸》)

解析

君主（领导者）如果喜好抓住关键要点（"要"指关键、要点），那么众多事务都能被处理得周详完备。也就是说，领导者能够提纲挈领，抓住事务的关键部分，在宏观层面把控好方向，下面具体执行事务的人就能根据这个大方向把各项事务安排得详细周到。如果君主（领导者）喜欢事无巨细地去了解和处理各种事务，那么众多事务反而会荒废。因为领导者精力有限，陷入细节之中，就无法从宏观上把握整体的事务，导致各项事务失去了整体的规划和有效的指挥，最终无法顺利开展。

在管理方面，这句话给管理者们提供了重要的指引。首先，管理者要懂得分清主次、把握关键，明确组织目标以及达成目标的核心关键环节。就像掌舵者要清楚航线的关键节点一样，将主要精力聚焦在对业务发展、团队运作等起决定性作用的重要事务上，比如制定战略规划、把控核心业务流程、关注关键人才的培养与留存等。当管理者能够精准抓住这些要点时，围绕这些关键展开的各项具体事务就能在清晰的框架和方向下有条不紊地推进，从而实现整体事务的妥善处理。

然而，如果管理者对每一个细节都要亲自过问、详尽处理，就容易迷失在琐碎事务中。一方面，人的时间和精力是有限的，过多耗费在细枝末节上，必然会无暇顾及真正重要的大事，导致关键事务被搁置、延误，影响组织的长远发展。另一方面，过度干涉具体事务的执行细节，可能会抑制员工的自主性和创造力，使员工习惯于等待指令，无法充分发挥其主观能动性，进而降低团队整体的工作效率和创新能力。所以，管理者应学会做关键事务的把控者，而不是琐事的包办者，让组织在合理的管理架构下高效运转。

三、品《商君书》：要善于抓住矛盾的主要方面

原文

故圣人明君，非能尽其万物也，知万物之要也。故其治国也，察要而已矣。(《商君书·农战》)

解析

所以圣人和明君并不是能够运用万物，详尽知晓世间万物的一切细节，而是掌握了万物的运行规律和关键要点。所以他们治理国家时，仅仅是洞察和把握关键要点罢了。

对于管理者而言，在面对纷繁复杂的组织事务、海量的信息以及众多的业务环节时，不能妄图事无巨细地掌控一切。而应着力去识别和理解那些对组织目标达成、运营成效提升起决定性作用的关键要素，例如核心业务流程、关键绩效指标、重要客户需求以及核心团队成员的发展等。通过精准地聚焦这些要点，管理者可以将有限的时间、精力和资源进行合理配置，避免在琐碎的、非关键事务上过度投入而造成资源浪费和效率低下。在制定战略规划时，明确关键战略方向，围绕其构建配套

的行动计划；在日常管理中，关注关键数据的变化以快速调整策略；在人员管理上，重点培养和留住关键人才，从而以高效的管理方式引领组织在复杂多变的环境中稳健前行，达成组织的使命与愿景，实现可持续发展。

四、品《礼记》："执其两端，用其中于民"，阴阳错综抓主要矛盾

原文

子曰："舜其大知也与！舜好问而好察迩言。隐恶而扬善。执其两端，用其中于民。其斯以为舜乎！"（《礼记·中庸》）

解析

孔子说："舜可算是具有大智慧的人了！舜喜欢向人请教，又明察幽微，能够洞悉左右进言的人话语中的意图；对于别人的言行，怀着敦厚的包容心，隐藏互相诋毁的诽谤言语，赞扬他人的善行；把握事物发展的利害趋向，采纳合乎事物发展规律的真知灼见，用中正的方法引导民众。这大概就是舜成为舜的原因吧！"

对于管理者来说，应学习舜的谦逊态度，积极主动地向他人请教，无论是上级、下属还是同行，都可能提供有价值的见解和经验。对于所收集到的各种信息，哪怕是看似平常、浅近的言论，也要用心去分析和洞察，从中挖掘出有用的内容。在团队管理中，要善于发现员工的优点并给予肯定和表扬，激励员工积极向上，同时对于员工的一些小失误或不足，如果不涉及原则性问题，可以采取包容的态度，避免过度批评打

击员工积极性。在决策过程中,面对多种极端或对立的观点和方案时,不要片面地倾向某一方,而是要深入研究各方案的利弊,综合考量后选取最适合组织和团队实际情况的中间路线或平衡方案,使决策既能避免过于冒进带来的风险,又能防止因过度保守而错失发展机遇,这样才能有效地领导团队,营造和谐稳定且积极进取的组织氛围,促进组织的持续健康发展。

第十一章

要善于从根本上把控好事物的发展方向

中国古人非常重视"本"这个字,所谓"本",也称作"根本""本源"。认识一个事物需着眼其"根本",把控一个事物则要自"本源"出发,于源头上精准把握。在古人眼中,"本末倒置""舍本逐末"属于最拙劣的工作方法。

以种树为例,树苗扎根土壤并适应环境是重中之重,相较而言,其长大成材、开花结果反倒并非关键所在。因为树苗一旦扎根稳固,开花结果与茁壮成长便会自然而成、水到渠成。再如清除农田杂草,只有挥动锄头斩断草根,才可能彻底解决问题。如果仅割除草的枝叶,草势必会凭借其根系迅速再生。

同理,如果想妥善管理一件事,就需要竭力从根本处掌控,在萌芽之际便着手管控。促使其在根本上朝着良好方向发展演变,杜绝向不良方向偏移。如此一来,虽用力很少,却能收获极佳成效。反之,如果等到其演变为普遍现象后再进行管控,难度必将大幅提升。

一、品《淮南子》：要在事物的苗头上就把控好它的发展趋势

▎**原文**

见者可以论未发也，而观小节可以知大体矣。(《淮南子·氾论训》)

▎**解析**

看到事物的萌芽状态就可以推断它尚未完全显露出来的发展趋势，观察事物的细枝末节就可以了解它的整体面貌。

真正有卓识远见的人，具备在事情还没有发生的时候，便能透过表象洞察其本质的能力。凭借对事情初始苗头的敏锐感知，就能明晰其未来的发展趋向，进而对其展开深入的议论、精准的分析与详尽的描述。同时，只需观察一个人细微的操守表现，比如举手投足之间的细节，便能推知其品格特征，洞悉其整体的状况。

例如，二十多岁的诸葛亮，那时仍蛰居茅庐之中，却能在与刘备的隆中对谈里，依据诸多现象，深入剖析并精准预测出东汉末年错综复杂的政治格局走势，判定天下将呈三分鼎立之势。这并不是源于其擅长占卜算卦，而是基于他对各政治势力的特质、政治主张以及地域优势等多方面因素进行严谨科学分析后所得出的结论。

从管理学的视角来看，管理的核心要义在于对未来工作的精准把控。管理能力，实际就是对未来发展态势的预见能力。制订一项计划，无论是经营计划、工作计划还是工艺规划，都是旨在提前对未来工作的程序、步骤以及方法进行合理布局与妥善安排。这要求将未来工作进程中每一步可能遭遇的状况都充分预估到，展开严谨的论证，并预先筹谋

好应对之策。通常，越是具体且简易的工作，其预见相对容易达成；而工作的复杂程度越高，预见的难度则会呈几何倍数递增。

二、品《管子》：圣人敬畏失败的本因，愚人敬畏失败的结果

原文

圣人畏微，而愚人畏明。（《管子·霸言》）

解析

圣人对事物微小的萌芽变化和隐患心怀敬畏，十分警惕；而愚人往往在事情已经明显恶化、灾祸已然降临的时候才感到害怕和担忧。

唐代文学家韩愈曾言："止之于始萌，绝之于未形。"人生顺遂、事业有成的人，往往能够持续战胜危机与灾祸。其关键在于，他们总能敏锐察觉危机与灾祸的初现端倪，在其还处在萌芽状态时便有力遏制，从而为自身的发展保驾护航，确保在追求目标的道路上稳步前行，有效规避可能出现的重大挫折与困境，维持积极向上的发展态势，收获理想的人生成果与事业成就。

优秀的管理者应该如圣人般具备敏锐的洞察力，能够察觉组织运营中那些细微的异常信号，无论是市场趋势的微妙转变、员工态度的细微波动，还是业务流程中不易被发现的小瑕疵。在问题处于萌芽状态时就给予高度重视并积极采取措施加以修正和完善，这样可以避免小问题逐渐积累、恶化成难以解决的大危机，从而降低管理成本，保障组织的稳定运行。而那些缺乏前瞻性眼光的管理者，往往忽视了早期的预警信

号，等到问题大规模爆发，给组织带来巨大损失时才手忙脚乱地应对，此时可能已经错失了最佳的解决时机，使组织陷入被动局面，严重影响组织的可持续发展和竞争力。

三、品《朱子全书》：不能以点代面，不能以偏概全

原文

不以小恶掩大善，不以众短弃一长。(《朱子全书·与刘共父》)

解析

不能因为微小的恶行或缺点就掩盖了大的善行或优点，也不能因为存在众多短处就把优点否定了。

在考察人员、论证技术走向、制订工作计划的时候，都需要从正反两面，诸如优点与缺点、成本与效益、顺利与困难等维度进行全面考量、细致比较与严谨论证。通过取长补短、综合权衡，最终确定最优方案。

世间万事万物都具有相对性。即便至善之物也有不利之处，而极恶之事也不乏积极因素。所以把握事物应从整体着眼，不能因局部而替代全貌，以片面掩盖整体，只有这样才能精准洞察事物本质，做出更周全且适宜的决策与判断。

对于管理者而言，在评价和对待员工时应秉持客观公正且全面的态度。每个员工都有其独特之处，他们可能会在工作过程中出现一些小失误或存在某些不足之处，但不能因此就忽视他们所具备的显著才能与优势。例如，有的员工可能在沟通技巧上有所欠缺，但在专业技术领域却

有着卓越的见解和出色的能力，管理者如果仅因沟通方面的小问题而否定其在专业上的价值，将会造成人才资源的浪费，甚至可能导致员工的积极性受挫。同时，在团队协作中，成员之间也应相互理解与包容，不能因他人偶尔的小过错就否定其整体贡献，而应善于发现并发挥彼此的长处，实现优势互补。这种用人理念有助于营造积极健康的团队氛围，充分挖掘团队成员的潜力，提高团队整体的绩效水平，使组织在多元包容的环境中不断发展壮大，也体现了管理者的容人之量与卓越的领导智慧。

四、品《淮南子》：把握根本事业旺，基础动摇全局乱

■原文

故兵者，所以讨暴，非所以为暴也；乐者，所以致和，非所以为淫也；丧者，所以尽哀，非所以为伪也。故事亲有道矣，而爱为务；朝廷有容矣，而敬为上；处丧有礼矣，而哀为主；用兵有术矣，而义为本。本立而道行，本伤而道废。(《淮南子·本经训》)

■解析

因此军队是用来讨平暴乱的，而不是用来施行暴力活动的；音乐是用来营造和谐氛围的，而不是用来助长淫靡之风的；丧礼是用来充分表达哀伤之情的，而不是用来弄虚作假的。因此侍奉亲人有相应的准则，而以敬爱为关键；朝廷之上有相应的礼仪规范，而以敬重为首要；举办丧事有相应的礼仪制度，而以哀伤悲痛为核心；用兵打仗有相应的策略方法，而以道义为根本。根本确立了，相应的准则就能顺利施行；根本

受到损害，准则就会被废弃。

对于企业或组织的管理者来说，在各个管理环节都应明确核心宗旨与正确导向。在市场竞争中，竞争手段应建立在合法、公平、正义的基础之上，旨在提升自身实力、满足客户需求、推动行业进步，而非通过不正当手段打压对手、破坏市场秩序。在组织文化建设方面，类似音乐营造和谐，要倡导积极健康、团结协作的文化氛围，避免不良风气滋生，促进员工之间关系融洽、团队凝聚力提升。在处理内部事务如员工关怀上，要有真诚的关爱之心，让员工切实感受到尊重与关怀，而不是表面功夫；在面对组织变革或困难时期，要以诚恳的态度和合理的举措应对，让员工理解并积极配合，保持组织的稳定与团结。只有确立了这些正确的管理根本，如正义、关爱、尊重等，各项管理举措与制度才能有效施行，组织才能沿着健康、可持续的道路发展；反之，如果违背了这些根本原则，管理就会陷入混乱，组织也会逐渐失去竞争力与活力，走向衰败。

五、品《庄子》：抓住根本"万事毕"，远离恶源"鬼神服"

原文

通于一而万事毕，无心得而鬼神服。(《庄子·天地》)

解析

精通于一种根本的道理，那么万事万物的道理都能融会贯通、处理完备；不刻意追求而自然获得成效，连鬼神都会钦佩信服。

例如，如果期望成功构建一座高楼大厦，那就必须严格遵循建筑学原理展开设计与施工流程。如果违背相关原理，即便大楼侥幸建成，也极有可能面临垮塌的风险。同理，如果要拆除一座大楼，同样需要严格依照规则行事，否则便可能引发严重事故，如砸伤甚至砸死人员等灾难性后果。

明代学者邹智于《明史·列传第六十七》中也曾指出："今欲兴天下之利，革天下之弊，当求利弊之本原而兴且革之。"这句话的含义为，如果有志于推动天下的利好之事，革除天下的种种弊端，就务必正确认知事物的本质特性，精准探寻与该事件相关的各类矛盾关系里的主要矛盾，深刻领会其根本的运动规律。对于其中积极有利的方面，竭力促进其发展与壮大；而对于消极不利的方面，则全力予以遏制。只有这样，才能妥善地掌控全局，达成预期的目标与效果，确保事物朝着有利的方向稳定有序地发展演进。

对于管理者而言，应致力于探寻并掌握管理的核心本质与基本原则。无论是人员管理、业务运营还是战略规划，都存在一些根本性的理念与规律，例如尊重人性、遵循市场规律、重视团队协作等。一旦深刻领悟并能熟练运用这些根本要点，就能够以不变应万变，游刃有余地应对各种复杂多样的管理事务与挑战，构建起一套高效且稳定的管理体系。同时，在管理过程中不应过度执着于短期利益与表面成果的追逐，而应注重营造一种自然和谐、顺应发展的组织氛围与管理模式。当管理者能够秉持一种豁达、淡然且遵循规律的心态去实施管理时，员工会更愿意追随，团队会更具凝聚力与创造力，组织也能在一种良性循环中持续发展，就像达到了一种无为而治却又井然有序的理想境界，使组织的运行仿佛得到一种无形力量的推动，自然而然地走向成功，不仅在内部赢得员工的认可与支持，在外部也能树立起良好的企业形象与声誉。

第十二章

要善于通过调查研究吸取经验教训

在一般的组织机构开展管理人才选拔录用工作时,这些管理人才的工作经历往往是重点关注的要素。这主要是由于管理者自身所具备的经验对于其履职能力有着极为关键的影响。如果管理者缺乏一定的生活阅历,在对各类问题展开研究时,便难以做到深入透彻的剖析,难以精准把握问题的核心与全貌。当缺乏丰富的管理经验时,在进行决策制定的过程中,便很难在复杂多变的环境动态里明确组织所应秉持的正确立场以及适宜的工作路线,导致决策可能偏离组织的发展目标与实际需求。同时,缺乏此类经验也使得管理者在面对复杂的管理工作任务时,难以进行有效的组织、协调与掌控,无法确保管理工作的顺畅推进与高效执行。

这里所强调的经验范畴较为广泛,不仅包含管理者个人在生活中的经历感悟以及工作过程中积累的管理实践经验,还涉及其他企业在运营过程中所呈现出的成功经验与失败教训,甚至涵盖了历史长河中国家与政权在兴起与衰亡、治理与混乱等不同阶段所沉淀下来的宝贵经验。

正因如此,作为一名合格的管理者,务必善于运用调查研究的方法与手段,深入地总结各类历史经验,积极主动地从浩瀚的历史资源中汲取有益的经验教训,从而为自身的管理实践提供更为坚实的理论支撑与实践指导，不断提升自身的管理智慧与决策水平，引领组织在复杂多变的环境中实现持续稳定的发展与壮大。

一、品《韩诗外传》：前事不忘后事之师，历史经验是好教材

■原文

前车覆而后车不诫，是以后车覆也。（《韩诗外传》）

■解析

前面的车翻了，后面的车却不引以为戒，那么后面的车也会翻覆。

无论是个人、家庭、公司、团队还是国家，如果想拼搏奋进，就必须审慎考察前行的路径，避免误入歧途，更不能偏离正确方向。然而，面对未知的未来，所有人都仿佛置身迷雾之中，并无现成且明晰的道路可供径直前行。所以，只有秉持谦虚谨慎的态度，深入开展调查研究，充分借鉴前人以及他人的经验教训，才能探寻出一条较为合理的前行轨迹，减少迂回曲折，降低犯错概率。

在管理方面，这句话的启示意义深远。它告诫管理者要重视过往的经验教训，无论是组织内部曾经出现过的失误、其他企业类似项目或业务的失败案例，还是行业历史上的典型问题，都应视为前车之鉴。如果对这些前车之覆视而不见，不深入分析原因、总结教训并将其融入当前的管理决策和流程改进中，那么在面对相似的情境和挑战时，就极有可

能重蹈覆辙，导致管理失误、项目失败或业务受挫。管理者应建立起有效的案例分析和经验传承机制，让团队成员都能从过去的错误中学习，增强风险意识和应对能力，从而减少不必要的损失，推动组织在稳健的轨道上持续发展，避免因忽视历史教训而陷入反复犯错的困境，保障组织战略目标的顺利达成。

二、品《诗经》："殷鉴不远"在夏朝，历史经验要总结

原文

殷鉴不远，在夏后之世。(《诗经·大雅》)

解析

殷商可借鉴的教训并不遥远，就在夏朝（灭亡）的时代。意思是说殷商应以夏朝灭亡的历史为鉴戒，避免重蹈覆辙。

孔子曾说："桀暴其民甚，因而身弑国亡。"夏王朝曾一度强盛且历史悠久，然而其末代君主夏桀因深陷腐败与堕落的泥沼，致使夏王朝在极短时间内便被商汤军队所颠覆。可作为后继者的商朝统治者们，却未能汲取夏王朝因腐败沉沦而亡国灭身的惨痛教训，重蹈覆辙，同样陷入腐化堕落的深渊，最终被周文王、周武王取而代之。

纵览历史长河，诸多政治家、军事家都深陷于胜败、荣辱、兴亡的轮回而难以自拔，齐桓公小白、吴王夫差、越王勾践、楚霸王项羽、齐武帝萧衍、唐玄宗李隆基等皆在其列。与之形成鲜明对比的是，那些擅长从历史中总结经验、从他人失败里吸取教训并勇于自我反省之人，往往能够成功跳出这一循环，收获较为圆满的结局，诸如周文王姬昌、汉

光武帝刘秀、唐太宗李世民等。

  作为管理者，要高度重视历史经验教训以及同行业或其他组织过往的失败案例。在企业运营过程中，市场竞争、战略决策、内部管理等诸多方面都可能面临相似的情境与挑战。例如，如果看到其他企业因盲目扩张而导致资金链断裂最终破产，自身在制订扩张计划时就需更加谨慎，深入分析自身的财务状况、市场需求、运营能力等多方面因素，而非冲动行事。不能对近在眼前的失败范例视而不见，应建立起完善的案例分析与学习机制，定期回顾行业内的重大事件，从中汲取经验教训，反思自身管理体系与运营策略中的潜在风险，提前做好防范措施，从而在复杂多变的商业环境中保持清醒的头脑，做出更为明智、稳健的决策，保障组织的可持续发展，避免因忽视历史教训而陷入类似的困境，重蹈前人覆辙。

三、品《鬼谷子》：多读历史，总结经验，把握好未来

■原文

  于是度之往事，验之来事，参之平素，可则决之。(《鬼谷子·决篇》)

■解析

  在决断事情之时，可以对过去的经验进行衡量，再以未来事情的发展趋势来验证，最后用日常的事情作为佐证，如果可行的话，就做出决断。

  在管理实践与个人事务处理中，一种科学且行之有效的方法是，先

对过往的各类历史经验教训进行全面深入的总结，这些经验涵盖历史书中记载的、前人所经历的、他人正在遭遇的以及自身曾亲身体验的。通过严谨的归纳与提炼，从中抽取出具有普遍性与指导性的历史运动规律，包括相关理论、知识体系以及关键概念等。

接下来，将当下客观事物运动斗争的实际状况与之对照，检验所总结出的规律认知是否精准无误。如果发现存在偏差或错误之处，便及时加以修正调整，随后再次进行验证；如果经检验无误，则将其确立为真理并内化为自身坚定的信仰，作为后续行动的可靠指引。

在管理方面，管理者应建立起全面的决策依据体系。首先，对过往类似项目、业务活动的深入分析是必不可少的，从中总结成功的关键因素以及失败的教训，这些历史经验能为当前决策提供宝贵的参考，避免重复犯错并借鉴有效做法。其次，要具备前瞻性眼光，通过市场调研、行业趋势研究等手段预测未来发展态势，使决策能够适应未来环境变化，提前布局以抓住机遇或规避风险。最后，日常运营中的各种数据、员工反馈、组织内部流程运转情况等要素信息，也反映了组织的实际状态和潜在问题。综合这三方面因素，当各方面条件都表明某一决策具有可行性和合理性时，管理者就要果断决策并坚定推行。这种多维度考量的决策方式能够提高决策的准确性和科学性，减少决策失误带来的损失，引领组织在复杂多变的环境中稳健发展，增强组织的适应能力和竞争力，确保组织战略目标的有效达成。

第四篇
如何在调查研究的基础上做好决策

在现代管理实践领域，很多工作难以达成预期目标，或计划频繁变更，从表面看，是因为各类始料未及的因素纷至沓来；但是究其本质，实际上是管理者事前决策缺乏科学性与合理性所致。任何一项工作的顺利开展，都需要以严谨的调查研究以及周全的筹备工作为基础。所谓管理，核心要旨便在于基于深入的调查研究而制定出精准有效的决策。

只有深刻洞察市场中错综复杂的内外矛盾关联，精准把握市场的本质属性，洞悉客户心理的变化规律，并严格依循客户需求来拟定公司的政策、方针与计划，精心设计产品，才能确保经营工作顺利进行。反之，如果违背事物的运动规律行事，即便有圣人之能，或者有贵人相助，也无法成就事业。

同时，在制订工作计划之际，务必树立危机意识，既要追求最优成果，也需要做好最坏情形的预案。对于可能偶然出现的种种困难与危机，须有充分的预估，并在物质与精神层面均做好充足准备。

第十三章

要严格按照客观规律来做决策

管理者在决策之前开展调查研究工作，其根本目的在于找到工作对象在未来一定时期内的运动规律。当精准掌握工作对象的运动规律后，就必须以此为依据严谨地制订工作计划，并在后续工作中严格依照计划执行。如此一来，各项工作便能依据既定的工作计划得到有序推进，工作进程也更为顺畅高效。

反之，若违背客观规律开展工作，整个世界都好像与自己为敌，即便拥有非凡的智慧，也难以在这样的逆势中获取成功，往往会遭遇重重阻碍，导致工作成效大打折扣，甚至可能使项目或业务陷入困境而难以推进，最终无法实现既定的目标与愿景。

――

一、品《孟子》：聪明就是不违背规律，技巧就是把握好时机

■原文

虽有智慧，不如乘势；虽有镃基，不如待时。（《孟子·公孙丑上》）

> **解析**

即使拥有智慧谋略,也不如巧妙地借助和利用有利的形势;即便持有精良的农具镃基(古代的一种锄头),也不如耐心地等待适宜的农时。这句话强调了顺势而为以及把握时机的重要性。

对于管理者来说,要深刻认识到环境大势与时机对于企业或组织发展的关键影响力。在商业竞争的舞台上,市场趋势犹如汹涌浪潮,若管理者能敏锐洞察行业发展的大势走向,如新兴技术的崛起、消费需求的转变等,顺势布局企业战略,将企业的产品、服务与运营模式契合市场潮流,就能如顺水行舟般高效前行,利用大势的力量推动企业快速成长,远胜过单纯依靠内部资源苦寻发展路径。同时,时机的精准把握也不可或缺。就像播种需要等农时,企业开展新业务、推出新产品、进行战略转型等重大决策,都要耐心等待合适的时机。若盲目行动,即便企业具备一定的资源与能力基础(如同有镃基),也可能因时机不对而事倍功半,甚至遭受挫折。只有精准捕捉并充分利用外部的有利形势与时机,将企业内部的资源与之完美结合,才能在管理实践中实现效能的最大化,引领组织在复杂多变的商业环境中稳健发展并取得卓越成就。

二、品《淮南子》:顺应客观规律,善用力量与资源

> **原文**

禹决江疏河,以为天下兴利,而不能使水西流;稷辟土垦草,以为百姓力农,然不能使禾冬生。岂其人事不至哉?其势不可也。夫推而不可为之势,而不修道理之数,虽神圣人不能以成其功,而况当世之主

乎！夫载重而马羸，虽造父不能以致远；车轻马良，虽中工可使追速。是故圣人举事也，岂能拂道理之数，诡自然之性，以曲为直，以屈为伸哉？未尝不因其资而用之也。是以积力之所举，无不胜也；而众智之所为，无不成也。(《淮南子·主术训》)

▎解析

　　大禹疏通江河，为天下人谋取利益，但不能让河水向西流；后稷开垦土地、种植谷物，为百姓致力于农事，但不能让禾苗在冬天生长。难道是他们人力没有尽到吗？是形势不允许啊。违背不可改变的形势，而不遵循事物的规律法则，即使是神圣之人也不能成就功业，何况当世的君主呢！车辆载重而马匹瘦弱，即使是造父这样的驾车高手也不能到达远方；车辆轻便、马匹优良，即使是中等水平的车夫也能跑得很快。所以圣人做事，怎么能违背事物的规律法则，违背自然的特性，以曲为直，以屈为伸呢？无不是根据事物的条件来利用它们。因此积聚众人的力量去做事，没有不成功的；汇聚众人的智慧去谋划，没有办不成的。

　　管理者要清晰地认识到组织运营受到诸多客观条件和规律的限制。在制定战略和规划目标时，不能仅凭主观意愿盲目设定不切实际的任务，必须充分考虑到市场环境、资源状况、技术水平等外在因素的制约，尊重事物发展的内在规律。例如，在企业扩张过程中，如果市场需求尚未成熟或者自身资源不足以支撑大规模的拓展，强行推进可能导致失败，就像违背水的流向规律去治水一样徒劳。同时，要善于借助团队的力量和智慧，个体的能力无论多么卓越都是有限的，就像一匹马难以独自拉动过重的车辆。通过凝聚团队成员的力量，发挥众人的聪明才智，形成强大的合力，才能攻克复杂的难题，实现组织的目标。此外，合理利用资源条件也是关键，根据现有的人力、物力、财力等资源特点进行优化配置，顺势而为，避免逆势而动，从而提高管理的效率和成功率，推动组织在顺应规律的轨道上稳步发展。

三、品《韩非子》：严格按照真理办事没有不成功的

■ 原文

夫缘道理以从事者，无不能成。(《韩非子·解老》)

■ 解析

遵循事物的规律道理来行事的人，没有不能成功的。

要按照客观事物的原理办事，就要正确认识这个原理。所谓的原理，也叫道理、理论、思想，是人对客观事物的本质特征的认识，是人对客观事物的相互关系和内部矛盾关系的认识，是人对客观事物运动规律的概括与总结。要正确认识这个原理，就要虚心地去体察客观事物，就要勇于实践，并通过实践去感觉客观事物，还要在实践中不断地探索、调查、思考、分析、透过现象看本质。最后才能归纳、总结出这个客观事物的运动规律。正确认识到客观事物的运动规律之后，又要严格按这个规律去制订工作计划和工作方案，并按照这个计划和方案去开展工作，自然没有什么工作是不成功的了。

对于管理者来说，必须深刻认识到规律对于管理实践的根本性指导意义。无论是制定企业战略规划，还是日常的运营决策，都不能脱离市场规律、行业发展规律以及企业自身的成长规律等。例如，在产品研发过程中，如果不遵循市场需求规律和技术发展趋势，盲目投入资源进行研发，最终可能导致产品无法被市场接受，研发成本付诸东流。而在市

场营销方面，若违背消费者心理和行为规律，采用不恰当的营销策略，也难以取得理想的销售业绩。

一个成功的管理者会主动去探寻并理解各种相关规律，将其融入管理的各个环节。从组织架构的搭建要符合企业规模扩张和业务流程优化的规律，到人力资源管理要遵循员工激励和人才成长的规律等，只有依据规律来调配资源、安排工作、制订计划，才能使企业的各项活动有条不紊地开展，减少不必要的风险和失误，提高管理的效率和成功率，让企业在复杂多变的商业环境中稳健前行，实现可持续发展的目标，就像沿着既定的轨道行驶的列车，精准高效地抵达目的地。

四、品《韩非子》：调查研究知道理，遵理而行无不成

■原文

道者，万物之所然也，万理之所稽也。理者，成物之文也；道者，万物之所以成也。故曰："道，理之者也。"物有理，不可以相薄；物有理不可以相薄，故理之为物之制。万物各异理，而道尽稽万物之理，故不得不化；不得不化，故无常操；无常操，是以死生气禀焉，万智斟酌焉，万事废兴焉。(《韩非子·解老》)

■解析

道，是使天地万物成为这个样子的总规律，是与各种事理相当的总法则。理，是构成具体事物的具体法则；道，是万物得以形成的普遍法则。所以说：道，是使各种事物具有具体法则的东西。事物各有自己的

具体法则，所以不会互相侵扰；事物有各自的具体法则而不会互相侵扰，所以这具体的法则就成为具体事物的支配者。各种事物各有不同的具体法则，而道与各种事物的具体法则都相当，所以它要随着不同的具体法则而变化；道要随着不同的具体法则而变化，所以它没有永恒不变的规则。道没有永恒不变的规则，因此，死与生这种自然现象由于这种变化无常的道而天然地生成了，各人的智慧由于这种变化无常的道而有低有高，各种事物由于这种变化无常的道而有衰败有兴盛。

对于管理者而言，要意识到企业运营就像宇宙万物运行一样，存在着内在的"道"与"理"。企业管理中的"道"可以理解为企业存在的根本目的、核心价值观以及整体的发展方向，它是凝聚企业所有活动与决策的根基，是引导企业在复杂多变的市场环境中保持一致性与连贯性的灵魂。而"理"则是企业运营过程中的各种具体规律、规则与流程，如市场营销规律、财务管理规则、人力资源管理流程等。

管理者既要把握企业的"道"，明确企业为何而存在，要走向何方，使全体员工对企业的核心目标与价值有清晰的认知与认同，从而确保企业在战略层面不偏离轨道，又要深入研究并遵循各种具体的"理"，在不同的业务领域和管理环节制定合理的规则与流程，确保各项工作有序开展，且这些规则不能相互冲突，要相互协调配合，共同服务于企业的整体"道"。同时，由于市场环境、技术发展、社会文化等外部因素处于不断变化之中，企业所遵循的"理"也需要适时调整与优化，管理者要有敏锐的洞察力和应变能力，就像道因万物之理而变化一样，及时更新企业的管理策略与运营模式，以适应外部的动态变化，保持企业的竞争力与生命力，使企业在不断变化的商业世界中实现可持续发展。

五、品《淮南子》：规律永恒无废替，管理至理要遵循

原文

故国有亡主，而世无废道；人有困穷，而理无不通。(《淮南子·主术训》)

解析

因此国家可能会出现亡国之君，但世间没有废弃不用的道理；人或许会遭遇困窘穷苦，但事物的道理却不会有行不通之处。

这句话提醒管理者要认识到管理的核心原则与规律具有永恒性和普遍性。即使在某些组织中出现了领导不力或经营困境，也不能否定那些经过实践检验的科学管理之道。例如，一些企业可能因领导者决策失误而面临危机甚至倒闭，但像合理规划、有效组织、精准控制、科学用人等基本管理原理依然是适用且有效的，不能因为个别失败案例就将这些理念抛弃。对于管理者个人而言，当面临自身职业发展的瓶颈或企业运营的艰难处境时，不应归咎于管理理念本身的错误，而应反思是否正确理解与运用这些理念，是否根据实际情况灵活调整策略。就像人虽会陷入穷困，但只要遵循正确的做事方法与规律，仍有转机。管理者要始终坚守并深入研究管理的基本"理"，在不同的情境下灵活运用，使组织即便在困难时期也能凭借对正确管理之道的遵循而找到出路，避免因一时的挫折而迷失方向，从而保障组织的长远稳定与持续发展。

第十四章

要顺应社会的运动趋势来做决策

在决策过程中，管理者顺应社会运动趋势是迈向成功的关键，而这一趋势实际上反映了客观事物的运动规律。社会的发展就像奔腾不息的江河，有着内在的流向，管理者需要以敏锐的洞察力去感知。

管理者如果要做出正确决策，就必须将目光投向社会运动趋势背后的客观事物运动规律。社会是一个相互关联且动态变化的整体，其运动不是偶然无序的。以互联网技术的飞速发展为例，它深刻改变了信息传播与人际交往模式，遵循信息技术创新迭代以及人类沟通交流需求升级的规律。管理者如果能精准捕捉这一规律，果断决策布局线上业务，例如开展电商平台或远程服务项目，就能使企业顺应社会数字化转型的趋势，增强企业的竞争力与生命力。

一、品《太白阴经》：勇怯因谋易，强弱借势巧转换

原文

勇怯在谋，强弱在势。谋能势成，则怯者勇；谋拙势失，则勇者

怯。(《太白阴经·人无勇怯篇》)

> **解析**

一个人是勇敢还是怯懦，关键在于其谋略；而力量的强大与弱小，则取决于所处的形势。如果谋略得当，就能造就有利的形势，从而使力量得以充分发挥，怯懦者也可变得勇敢；反之，如果谋略拙劣，就会失去有利形势，即使是勇敢的人也可能变得怯懦。

对于管理者而言，首先要重视谋略的制定与运用。在企业竞争的战场上，不能盲目冲动地做决策。例如在进入一个新市场时，管理者需要综合分析目标市场的消费者需求特点、竞争对手的优劣势、潜在的市场机会与威胁等多方面因素，制定出精准且周全的市场进入战略，这便是"勇怯在谋"的体现。如果缺乏深思熟虑的谋略，仅凭一腔热血贸然进入，可能会遭遇重重困难，甚至一败涂地。

同时，管理者要善于洞察和营造有利的形势。企业自身的实力固然重要，但如果能够巧妙地借助外部环境的力量，例如政策利好、行业趋势、社会热点等，就能实现力量的倍增。比如，当环保政策大力推行时，相关的环保企业若能及时调整产品策略，推出符合政策导向和市场需求的绿色产品，就能借助政策之势迅速扩大市场份额，提升企业影响力，这就是"强弱在势"的实践。然而，如果管理者不能准确判断形势变化，或者在形势有利时不能通过有效的谋略进一步巩固和拓展优势，一旦形势转变，企业可能就会陷入被动，之前积累的优势也会逐渐丧失。因此，管理者需要不断提升自身的谋略水平，敏锐感知形势变化并积极主动地顺势而为，才能在激烈的市场竞争中带领企业持续发展壮大。

二、品《商君书》：知必然之理行自由，顺必为之势百事成

原文

圣人知必然之理，必为之时势。故为必治之政，战必勇之民，行必听之令。（《商君书·画策》）

解析

圣人懂得事物发展的必然规律、一定会顺应发展的形势，所以能制定必使国家安定的法令，使用每战必胜的百姓，推行百姓一定能听从的命令。

清初的哲学家王夫之在《读通鉴论》中也有讲过："君子之所贵于智者，自知也、知人也、知天也。"君子所拥有智慧的可贵之处在于能正确认识自己，能客观地认识别人，了解客观事物的运动规律（认识事物的本质）。

对于管理者来说，深入研究和理解行业发展规律、市场运行机制以及社会经济的发展趋势是开展有效管理的基础。例如，在当今数字化快速发展的时代，管理者如果能洞悉信息技术必将深度渗透到各个产业领域这一必然趋势，提前布局数字化转型战略，加大在相关技术研发、人才培养和业务流程数字化改造等方面的投入，那么企业在未来的市场竞争中就能占据有利地位，实现高效运营和可持续发展，这便是顺应"必然理"和"必为之时势"制定"必治之政"。如果管理者缺乏对这些必然因素的认知和把握，就容易做出盲目或滞后的决策，例如在市场已经明显呈现出对绿色环保产品的强烈需求时，仍坚守传统高污染、高能耗的产品线，必然会使企业逐渐失去市场竞争力，陷入经营困境。只有

精准洞察这些内在的规律和外在的形势变化，并据此制定科学合理的管理策略和行动计划，才能引导企业在复杂多变的环境中稳健前行。

三、品《孟子》：天时地利非首要，人和聚力事功成

■原文

天时不如地利，地利不如人和。(《孟子·公孙丑下》)

■解析

有利于作战的时机比不上有利于作战的地理形势，有利于作战的地理形势比不上作战中人心所向、内部团结。

一件事的成功，除了外部的时机和环境，人的因素往往起着决定性作用。客观事物的运动规律比较好把握，充分利用好自然资源也比较容易，而最难的是处理好各种人际关系。我们应积极主动地与他人建立良好的合作关系，发挥团队的力量，齐心协力去实现目标。

对于管理者而言，这强调了团队凝聚力和员工协作精神的极端重要性。在企业竞争的舞台上，即使外部市场环境（天时）有利，或者企业拥有良好的资源优势与地理位置（地利），但如果团队成员之间离心离德、缺乏默契与协作，也难以取得长远的成功。例如，一家企业即便处于新兴行业的风口浪尖（天时），而且拥有先进的办公设施与优越的地理位置（地利），但部门之间各自为政、员工之间矛盾频发、沟通不畅，就会导致工作效率低下、创新能力受阻、客户服务质量下降等问题，最终影响企业的整体竞争力。相反，当企业内部营造出和谐融洽的工作氛围，员工彼此信任、相互支持、目标一致，就能充分发挥出每个人的潜

力，形成强大的合力。管理者应重视企业文化建设，关注员工需求与职业发展，建立公平合理的激励机制，促进员工之间的交流与合作，打造一个"人和"的组织环境。在面临市场挑战与困难时，这样的团队能够齐心协力、团结一致，比单纯依赖外部机遇或资源优势更能保障企业持续稳定地发展，实现战略目标并在行业中脱颖而出。

四、品《吕氏春秋》：万物运动有规律，"因性任物"事自成

原文

变化应来而皆有章，因性任物而莫不宜当。（《吕氏春秋·执一》）

解析

这个世界上的万事万物的发展、运动、变化历来是有章可循的，都是有其特有的本质特征的，都是有一定规律的；这些本质特征和运动规律是可以被人认识的，是可以被人理解的。人们应该依据事物的本性来使用和对待它们，这样就没有什么是不合适、不恰当的。

任何事物都是相对于它的周围的事物而存在的，都是要与周围的事物相互联系、相互作用、相互斗争的。这个事物与周围事物的外部联系正是这个事物运动变化的条件。任何事物也都是有其无数内在的矛盾运动，在这些矛盾运动中的主要矛盾正是这个事物的内在本质和变化依据。找到了这个事物运动、变化的内部依据和外部条件（主要矛盾和矛盾的主要方面），就能很好地把握这个事物。

在管理方面，管理者应当具备敏锐的洞察力和应变能力，在面对复

杂多变的市场环境和企业内部的各种变化时，能够提前做好规划和准备，做到有章可循，从而有条不紊地应对。同时，管理者要充分了解团队成员以及企业资源的特点和优势，根据其本性和特长来合理分配任务、安排岗位，充分发挥每个人和每项资源的最大价值，使整个组织能够高效运转，达到最佳的管理效果，实现企业的稳定发展。例如，在项目分配时，管理者如果了解到某位员工具有良好的沟通能力和协调能力，将其安排到需要与多方沟通协作的项目中，使其能够充分发挥自身优势，更好地推动项目进展，这样"因性任物"，就能让团队成员各展其能，让企业在应对各种变化和挑战时都能游刃有余，取得良好的发展态势。

五、品《韩非子》：顺势而为有神助，违背规律自招灾

原文

夫物有常容，因乘以导之。因随物之容，故静则建乎德，动则顺乎道。宋人有为其君以象为楮叶者，三年而成。丰杀茎柯，毫芒繁泽，乱之楮叶之中而不可别也。此人遂以功食禄于宋邦。列子闻之曰："使天地三年而成一叶，则物之有叶者寡矣。"故不乘天地之资而载一人之身，不随道理之数而学一人之智，此皆一叶之行也。故冬耕之稼，后稷不能美也；丰年大禾，臧获不能恶也。以一人之力，则后稷不足；随自然，则臧获有余。（《韩非子·喻老》）

解析

天下万物都有其内在的本质特征和自然的常态，有其特定的内部矛

盾关系，也有其特有的外部矛盾关系，有其特定的运动规律。如果能实事求是地根据它的常态，顺应事物的运动态势，沿着它的发展方向，再加以引导，就能成功地控制好这个事物。因为能够顺应万物的形态来引导它，所以静止的时候就能够立足于事物的本质属性，行动的时候就能够顺应事物的客观规律。有一个宋国人，为他的国君用象牙雕刻一片楮叶，经过三年才刻成。那叶子上有肥大的主脉、瘦小的支脉，毫毛细芒繁多而有光泽，即使是混杂在真的楮叶中，人们也不能辨别出来。这个人于是凭借这一功劳在宋国享受俸禄。列子听说了这件事后说："假使自然界用三年时间才能长成一片树叶，那么有叶子的植物就很少了。"所以不借助自然界提供的条件而仅仅依靠个人的力量，不遵循自然规律和事理而只学一个人的智慧，这些都是像花费三年雕一片树叶那样的做法。就像冬天耕种的庄稼，即便后稷这样的农神也不能让它生长繁茂；丰收年景里苗壮的禾苗，即使是奴仆也不会种得太差。凭借个人的力量，像后稷这样的高手也会力量不足；顺应自然规律去耕种，即使是奴仆也能做得很好。

在管理领域，这段话有着重要的意义。首先，管理者要认识到事物发展存在其自身规律，就像企业运营、团队协作等各项管理事务，都有其内在的逻辑和节奏，不能仅凭个人主观意愿去强行推动，而应顺应这些规律去引导和规划。例如制定业务发展策略时，需考虑市场的周期性规律、行业的发展趋势等客观因素，而不是盲目地按照个人的设想去布局，否则就可能像"三年雕一叶"那样事倍功半，耗费大量精力却收效甚微。

其次，管理者要善于借助外部的资源和条件，不能仅仅依赖个人或团队内部有限的力量。就像企业发展不能只靠内部员工的苦干，而要充分利用市场提供的机遇、政策给予的支持等外部"天地之资"。比如合理利用资本注入来扩大生产规模、借助政策优惠开展新业务等，只有整合各方资源，才能实现管理目标的高效达成，否则仅凭一己之力，即便如后稷般优秀的管理者也难以让企业取得理想的发展成果，而顺应大势合理借助外力，普通员工也能在良好的环境下为企业创造可观的价值。

最后，管理者要明白集体智慧的重要性，不能只推崇某一个人的经验或智慧。团队成员各有其优势和见解，应鼓励大家充分发表看法，共同遵循合理的管理理念和方法（即顺应"道理之数"），形成合力，而不是只依照某一个人的行事风格或思维模式去运作，不然就容易陷入片面和局限，就像只学一人之智那样，难以适应复杂多变的管理情境，实现整体管理效能的提升。总之，管理要顺应规律、借助外力、集思广益，才能达到事半功倍的效果。

六、品《韩非子》：因事之理，不劳而成；顺势而动，乐享无为

▍原文

因事之理，则不劳而成。（《韩非子·外储说右下》）

▍解析

遵循事物的规律，那么不用劳苦就能成功。

在开展一项工作之前要先做好调查研究，先认识客观事物的运动规律，掌握事物运动变化的原理。然后，严格遵循事物运动变化的原理去制订自己的工作计划，顺应客观事物运动的必然趋势去开展自己的工

作，就可以很轻松地达到"无为而治"的良好效果。

相反，如果不去做调查研究就不能掌握事物的运动规律；开展工作不遵循客观规律，逆着历史的潮流而动，即使花费了很大的成本，付出很多的劳动也一样不能取得成功。

同样，在《韩非子·奸劫弑臣》中也有："故善任势者国安，不知因其势者国危。"善于借势的人，善于按客观规律办事的人，事业就能成功，国家就能获得安定；不知道顺应客观事物的运动态势的，违背客观规律的人，事业就必然失败，国家就危险了。

在管理方面，管理者要深刻认识到探寻和遵循事物规律的重要性。在企业运营中，无论是市场拓展、产品研发还是团队管理等各个环节，都有其内在的规律。例如在产品研发时，深入研究消费者需求变化规律、技术发展的趋势规律，就能精准定位产品功能与特性，减少不必要的研发弯路，高效地推出符合市场需求的产品，实现"不劳而成"。

同时，管理者要善于把握时势。敏锐察觉行业发展大势、宏观经济走向等，顺势调整企业战略与业务布局。比如某种理念成为社会主流趋势时，相关企业应及时转型，借助大势推动企业快速发展，员工也能在顺应这种良好趋势的企业环境中有条不紊地工作，管理者从而可以达到一种看似"无为"却实则高效有序的管理境界，让企业在正确的轨道上自动运行、良性发展，避免逆势而为带来的重重困难与资源浪费，以最小的管理成本获取最大的效益，使企业在市场竞争中始终保持领先地位或稳定发展态势。

七、品《孙子兵法》：用兵应变谋常胜，管理灵活求久兴

▎**原文**

兵无常势，水无常形，能因敌变化而取胜者，谓之神。(《孙子兵法·虚实》)

▎**解析**

就像水会跟随地形的变化而变化，没有固定的形状一样，用兵作战也没有固定不变的态势。能具体情况具体分析，能够依据敌人的变化而灵活应变取得胜利的人，就称得上用兵如神。

对于管理者而言，企业所面临的市场环境犹如战场，复杂多变且充满不确定性。市场需求、竞争对手策略、技术革新速度等都在持续变化，没有一种通用的、一成不变的管理模式或经营策略能够确保企业永远成功。例如，曾经辉煌一时的传统胶卷行业，因未能及时根据数码技术这一颠覆性变革调整业务方向，而迅速走向衰落。所以，管理者需要具备敏锐的市场洞察力和快速的应变能力，不能僵化地依赖过往经验或既定计划。要像根据敌人变化而灵活调整战术的将领一样，密切关注市场动态，及时捕捉竞争对手的新动向、消费者偏好的转变以及新技术的出现等信号，并迅速对企业的战略、产品、营销策略、组织架构等进行适应性调整。只有这样，企业才能在激烈的市场竞争中抓住稍纵即逝的机遇，巧妙地应对各种挑战和威胁，保持竞争优势，实现持续发展并在行业中脱颖而出，达成如同在战场上因敌变化而取胜的卓越成就。

第十五章

要在追求最好结果的同时做最坏打算

　　管理者在研究工作方案、制订工作计划时，应当积极追求最优成果，但同时必须未雨绸缪，做好最坏情形的应对规划。

　　期望最好的结果，就是要向着最好的方向努力，但又不能将全部的希望寄托于这一理想结局之上；对于工作进程中可能偶然出现的绝佳状况，不可贸然将其纳入计划范畴，也不能将其视作必然的期望，更不能怀着投机冒险的心态来部署工作任务。只要经过自己的努力奋斗，无论最终收获何种成果，都应以坦然的心态接纳。在工作推进期间，关键在于竭力避免误入歧途，防范不良事件的滋生。俗话说"计划往往赶不上变化"，事物发展的必然趋势我们可以提前预测，但在实际工作中仍会有很多难以预见的、突发的不利情形出现。所以，在工作执行环节，还需要精心筹备应对极端恶劣情况的应急方案。如果能将所有潜在困难逐一设想，并配备相应的解决策略，那么所谓的困难也就不再构成阻碍，工作自然而然便能顺利推进并取得成功。

一、品《道德经》：诺不轻许信长守，难必重估事稳成

原文

夫轻诺必寡信，多易必多难。是以圣人犹难之，故终无难矣。（《道德经·第六十三章》）

解析

轻易随便地做出的许诺，必然是无法全部兑现，这样一来就会失去信任；把事情看得太容易（不相信困难的存在、没有预计到困难），盲目自信，真的做起事来就可能会遇到很多困难。因此圣人总是重视困难，所以最终反而没有困难。

对于管理者而言，首先要谨慎对待承诺。在企业经营管理过程中，无论是对客户、合作伙伴还是员工，随意承诺而无法兑现，会严重损害企业的信誉和形象，导致信任危机，影响企业的长期合作关系与口碑。例如，向客户承诺了产品的交付时间或质量标准，如果因为草率承诺而未能达成，会引发客户不满或导致客户流失。其次，不能轻视任何一项任务或决策。市场环境复杂多变，看似简单的项目可能隐藏着许多风险与挑战。如果管理者盲目乐观、低估困难，在项目推进过程中就容易因准备不足而陷入困境，比如遇到资源短缺、进度延误、成本超支等问题。最后，要像圣人那样，在决策前充分预估困难，做好全面规划与风险预案，以严谨、认真的态度对待每一个管理环节，就能提前化解潜在危机，确保企业运营平稳有序，即便遇到一些突发状况，也能凭借前期的充分准备从容应对，使企业在激烈的市场竞争中稳健发展，避免因轻诺与轻敌而陷入被动局面，实现可持续的成功经营。

二、品《帝范》：追求卓越管理，实现高效目标

原文

法乎其上，得乎其中；法乎其中，得乎其下。(《帝范·崇文第十二》)

解析

如果以高标准来要求和规划，最终可能取得中等的成果；如果以中等标准来要求和规划，那么最终只能得到较差的成果。

一个人在制订工作计划时，目标应适当定得高一些，志向也应更为高远且积极向上，要尽量避免错误的路线。然而，对于最终的结果，不应抱有过高的期望值，毕竟在实现目标的过程中，可能会遭遇诸多困难，还会面临许多难以预料的变化因素。只要自身努力奋斗，认真把控好过程，即便最终结果稍显逊色，也是能够接受的。反之，如果制定的奋斗目标不科学、不合理，偏离了正确的方向，那么就很可能导致糟糕的结果，甚至是自己意想不到的严重后果。

在管理方面，这句话强调了目标设定对于管理成效的关键影响。管理者在制定企业战略目标、业务绩效目标以及团队发展目标时，应秉持高远的追求。比如在产品研发上，如果仅仅满足于市场上现有的中等水平产品标准，只着眼于满足基本功能需求而缺乏对创新性、高品质以及极致用户体验的追求，那么研发出来的产品很可能在市场竞争中处于劣势，只能获得有限的市场份额和较低的利润回报。相反，如果以行业顶尖水平为标杆，投入足够的资源进行研发创新，虽然可能无法完全达到那个最高标准，但极有可能打造出具有较强竞争力的产品，在市场中占据有利地位。

对于团队成员的管理与培养也是如此。如果期望团队成员能够不断成长和进步，管理者就不能为他们设定过于宽松或平庸的目标，而应鼓励他们挑战更高的业绩指标、提升专业技能的深度与广度。高标准的目标能够激发员工的潜能，促使他们突破自我局限，即使最终未能完全实现最高目标，也会在追求的过程中取得显著的成长与进步，从而带动整个团队乃至企业向更高层次发展，避免因目标设定的短视和低下而导致企业发展动力不足、在市场浪潮中逐渐被淘汰的命运。

三、品《周易》："危者使平"生命兴，"易者使倾"失败源

原文

危者使平，易者使倾；其道甚大，百物不废。(《周易·系辞下》)

解析

能够意识到危险并时刻保持警惕的人，往往可以使自身处于安稳的境地；轻视困难、认为事情容易而掉以轻心的人，则容易遭遇失败，陷入困境。这个道理对任何事物都不例外。

对管理者来说，首先要有强烈的危机意识。在企业运营中，市场环境瞬息万变，竞争激烈残酷，看似平静的表象下可能潜藏着诸多危机，例如新技术的突然崛起可能颠覆传统业务模式，竞争对手的策略调整可能瞬间抢夺市场份额等。管理者如果能时刻察觉这些潜在危险，提前制定应对策略，比如加大研发投入以应对技术变革，优化产品与服务以提升竞争力，就能在危机来临之时保持企业的稳定运营，化险为夷。

相反，如果管理者盲目乐观，对市场变化和潜在风险缺乏足够的重视，认为企业当前的成功是理所当然且会一直持续，在管理决策上就容易出现疏忽。例如，过度扩张而忽视资金链的承受能力，或者在产品质量管控上放松要求等，这些看似微小的"易者"心态积累起来，最终可能导致企业陷入严重危机，比如资金短缺引发的财务危机、产品质量问题导致的品牌声誉受损等，使企业从繁荣走向衰败。因此，管理者要居安思危，以谨慎的态度对待企业管理的各个环节，才能保障企业的长治久安与持续发展。

四、品《孙子注》："在利思害"远失败，"在害思利"有希望

■ 原文

在利思害，在害思利，当难行权也。(《孙子注》)

■ 解析

身处有利的情境中要思考其中潜在的危害，处于不利的境遇时要思索其中蕴含的有利因素。面临艰难的处境时，要谨慎地采取行动、运用权变之策。

也就是说，处于顺利、成功以及优势地位时，千万不能骄傲自满、懈怠不前、自以为是，更不能轻视他人，而要小心翼翼地稳步前行；处于艰难困苦的环境，或处于弱势地位时，不要气馁沮丧、妄自菲薄，也不要自我否定，要对未来满怀信心。

对于管理者而言，在企业发展顺遂、业务蒸蒸日上、市场份额不断

扩大且盈利状况良好时，不能被眼前的利益冲昏头脑。例如，当企业推出一款热门产品而获得高额利润时，要思考这种高利润可能带来的负面效应，比如是否会吸引众多竞争对手进入市场导致竞争加剧，产品的高收益是否掩盖了生产流程中的效率低下或成本过高问题，以及过度依赖单一产品是否会使企业面临巨大的市场风险等。通过这种"在利思害"的思考，管理者能够提前布局，采取诸如优化内部管理、加大研发投入以推出更加多样化的产品、构建品牌壁垒等措施来防范可能出现的危机，巩固企业的竞争优势。

而当企业面临困境，如市场份额萎缩、财务压力增大、产品滞销等不利情况时，管理者也不应一味悲观。要善于发现困境中的有利机遇，比如市场需求的变化虽然导致当前产品滞销，但可能催生了对新型产品的潜在需求，这就是企业转型或创新的契机；财务压力可能促使企业重新审视成本结构，发现以往被忽视的成本浪费环节并加以改进，从而提升运营效率。以这种"在害思利"的思维方式，管理者可以引导企业在逆境中积极寻找突破点，调整战略方向，激发员工的创造力和凝聚力，实现企业的转型与重生，使企业在复杂多变的商业环境中始终保持坚韧不拔的生命力和适应能力，灵活应对各种局面，实现可持续发展。

五、品《庄子》：事始尚诚朴，事终防险刁

原文

且以巧斗力者，始乎阳，常卒乎阴，秦至则多奇巧；以礼饮酒者，始乎治，常卒乎乱，秦至则多奇乐。凡事亦然：始乎谅，常卒乎鄙；其作始也简，其将毕也必巨。(《庄子·人间世》)

> **解析**

以机巧来相互争斗较量的人，开始的时候还遵循公开光明的方式，往往到最后就使用阴险的手段，发展到极致就会出现很多诡异奇异的巧诈；依照礼仪来饮酒的人，开始的时候遵循规矩秩序，常常到最后就陷入混乱，发展到极致就会有很多荒淫放纵的玩乐。所有的事情都是这样：开始的时候相互诚信体谅，到最后常常变得粗野鄙陋；事情在开始的时候往往很简单，到将要完成的时候必然变得庞大复杂。

在管理启示方面，管理者要意识到事物发展过程中的动态变化与复杂性。在项目启动初期，团队成员可能满怀热情与诚意，彼此协作顺畅，工作任务看似简单明了，容易把控。但随着项目推进，各种问题会逐渐暴露，比如团队成员之间可能因为利益分配、意见分歧而产生矛盾冲突，原本和谐的氛围变得紧张，工作方式也可能从最初的按部就班变得复杂多变，甚至出现一些不正当的竞争手段或违背规则的行为。再如在企业拓展新业务时，起初大家齐心协力开拓市场，但当市场份额逐渐扩大，部门之间可能为了争夺更多资源或业绩功劳而暗中较劲，破坏内部协作机制。

管理者需要有前瞻性的眼光，不能仅着眼于项目或业务的开端，而要对整个过程进行全面规划与监控。在初期就要制定完善的规则与沟通机制，预防后期可能出现的矛盾与混乱；在过程中要及时发现并解决问题，引导团队成员始终保持积极健康的工作态度与合作方式，避免从有序走向无序，从诚信走向猜忌，确保项目或业务从始至终都能在良好的轨道上运行，顺利达成目标，实现企业的稳定发展与持续进步。

第十六章

要在做决策时把握好一个"豫"字

企业家或高层管理者在管理企业时最主要的工作就是：把握好自己企业的战略方向，规划好企业远期、中期、近期的目标；对于具体的工作则要及时制订出详细且切实可行的计划。而所有的这些工作都是面向未来的。所以，企业家或高层管理者决策和管理水平最重要的就体现在预见能力上。

预见能力，古人叫作"豫"。下面我们就来看看对这种预见能力，诸子百家都有哪些深刻的见解。

一、品《礼记》：凡事豫则立，不豫则废

原文

凡事豫则立，不豫则废。言前定，则不跲；事前定，则不困；行前定，则不疚；道前定，则不穷。（《礼记·中庸》）

▎解析

　　做任何事情，事先有充分的准备才会成功，没有准备就会失败。说话先有准备，就不会理屈词穷；做事先有准备，就不会遇到困难而无法进行；行动之前先有谋划，就不会事后后悔；在选择要走的道路、遵循的原则或者做事的方向之前，如果能够提前确定好，就不会陷入走投无路的困境。也就是说，不管做什么都得提前做好准备，这样才能顺利，不然就容易搞砸。

　　从管理启示的角度来看，这句话强调了规划与准备在管理过程中的核心地位。在企业管理中，管理者就像领航员，无论是制定战略规划、组织团队沟通、开展业务活动，还是确立企业的长期发展道路与核心价值观，都必须提前谋划布局。例如在项目管理中，如果能在启动前对资源调配、潜在风险、市场动态等进行精准预估，并制定详尽且灵活的执行方案，那么在项目推进过程中就能有效应对各种变数，避免因临时抱佛脚而导致的混乱与延误，从而提高团队的执行效率与成功率，保障企业在竞争激烈且多变的市场环境中稳健前行，实现可持续发展并达成长远目标。

二、品《荀子》："先事虑事"事优成，"先患虑患"祸不生

▎原文

　　先事虑事，谓之接，接则事优成。先患虑患，谓之豫，豫则祸不生。事至而后虑者，谓之后，后则事不举。患至而后虑者谓之困，困则祸不可御。(《荀子·大略》)

> **解析**

在事情发生之前，就预先调查研究、周密计划、认真做好各项前期准备工作，这叫作"接"，能够做到"接"，那么事情就能够圆满成功。在祸患来临之前，就预先思考忧患，这叫作"豫"，能够做到"豫"，那么灾祸就不会发生。事情已经发生了才去考虑应对，这叫作"后"，这样做的话，事情很难成功。祸患已经降临了才去考虑对策，这叫作"困"，处于"困"的状态灾祸就难以抵御。

对于管理者而言，前瞻性思维是至关重要的管理素养。在企业运营过程中，无论是战略规划、项目执行还是日常运营管理，都应具备先事虑事的意识。例如在产品研发阶段，不能仅仅着眼于当下市场的需求，而要提前预测未来一段时间内消费者偏好的变化、技术的革新方向以及竞争对手可能推出的产品策略等，提前布局研发资源，优化产品设计与功能，这样才能在产品推向市场时具备竞争力。

同时，管理者要有敏锐的风险洞察力，先患虑患。在企业发展形势良好时，也要警惕潜在风险，如市场波动风险、政策法规变化风险、供应链风险等。提前制定风险预案，建立风险预警机制，例如预留一定的资金应对突发财务危机，与多家供应商建立合作关系以防止供应链中断等，如此可有效避免灾祸发生，保障企业的稳定运营。如果管理者缺乏这种前瞻性，总是等到问题出现后才去思考解决办法，在瞬息万变的市场环境下，企业很容易错失良机，陷入被动局面，比如项目延误、成本超支、客户流失等，甚至在面对重大危机时无法有效应对，使企业陷入困境难以自拔，最终影响企业的生存与发展。

三、品《荀子》："平则虑险，安则虑危"，本源豫之祸不生

原文

故知者之举事也，满则虑嗛，平则虑险，安则虑危，曲重其豫，犹恐及其祸，是以百举而不陷也。(《荀子·仲尼》)

解析

所以明智的人在做事时，处于圆满的时候，就会考虑到不足，处于顺利的时候，就会考虑到艰难，处于安全的时候，就会考虑到危难，周全慎重地预先谋划，仍然担心会遭遇灾祸，因此即使多次行动也不会陷入困境。

在管理方面，管理者应时刻保持忧患意识和前瞻性思维。在企业经营处于繁荣昌盛、业绩蒸蒸日上之时，不能被眼前的成功蒙蔽双眼，而要居安思危，思考可能出现的市场饱和、竞争加剧、技术变革冲击等不利因素。例如，当企业某款产品市场占有率极高且盈利颇丰时，管理者应提前布局新产品研发或对现有产品进行升级迭代，以应对未来可能的市场变化。

在企业运营平稳阶段，没有明显危机时，也要对潜在风险进行排查和制定预案。比如关注行业政策走向，提前调整企业运营策略以符合可能的政策新规；审视内部管理流程，预防因流程漏洞导致的效率低下或财务风险等。通过这种全方位、多层次的预先考量和谋划，即便无法完全杜绝风险，但能在风险来临之际迅速做出反应，灵活调整策略，使企业在复杂多变的商业环境中始终保持稳健前行，避免因一时疏忽或盲目乐观而陷入难以挽回的困境，确保企业长期可持续发展并在激烈的市场竞争中屹立不倒。

四、品《道德经》：慎行如冬渡，决策若邻防

■ 原文

豫兮若冬涉川；犹兮若畏四邻。(《道德经·第十五章》)

■ 解析

行事要像冬天踩着冰过河一样小心谨慎，因为冬天的河流冰层可能很薄，一不小心就会掉入冰窟，所以过河的时候要非常小心，每一步都要试探冰层的厚度，确保安全后再前进；决策要如时刻警惕邻居一样，对周边的环境和人保持一种戒备的状态，做事之前要考虑周全，防止可能来自各个方向的潜在威胁。

对于管理者而言，这种谨慎与警觉的态度尤为关键。在企业战略决策时，不能贸然冲动地进入新市场或开展新业务，需要像"冬涉川"般小心翼翼。例如在考虑进军新兴行业领域时，要充分调研市场的不确定性、竞争对手的潜在反应、自身资源与能力的适配性等多方面因素。不能只看到新领域可能蕴含的机遇，而忽视其中隐藏的诸多风险，如技术研发的难度与成本、市场培育的周期与投入、政策法规的变动风险等，经过深思熟虑和全面评估后再做决策，才能避免陷入危险境地，确保企业战略方向的正确性和稳健性。

同时，企业在日常运营中要时刻保持对外部环境的高度警惕，犹如"畏四邻"。密切关注竞争对手的一举一动，无论是其产品创新、营销策略调整还是市场份额的扩张举动，都可能对自身企业产生影响。此外，还要关注宏观经济形势、行业动态、技术革新等外部因素的变化，及时察觉可能对企业构成威胁的变动，提前制定应对预案，加强企业自身的防御能力，比如提升产品质量与服务水平、优化内部管理流程、加大研

发投入以保持技术领先等，如此才能在激烈的商业竞争中站稳脚跟，灵活应对各种潜在的挑战与危机，保障企业的持续稳定发展。

五、品《周易》："顺以动"万物如之，行有豫"四时不忒"

原文

《彖》曰：豫，刚应而志行，顺以动，豫。豫顺以动，故天地如之，而况"建侯行师"乎？天地以顺动，故日月不过而四时不忒。圣人以顺动，则刑罚清而民服。豫之时义大矣哉！（《周易·豫》）

解析

《彖》说：豫卦象征着阳刚与阴柔相应而能使其志向得以施行，顺应规律而行动就会安乐、和豫。豫卦所展现的这种顺应规律而动的特性，天地运行也是如此，更何况是封建诸侯、兴兵作战这样的大事呢？天地顺应规律运转，所以日月运行不会出现差错，四季交替不会有偏差。圣人顺应规律行事，那么刑罚就会公正清明而百姓信服。豫卦所蕴含的因时制宜、顺应规律的意义是极为重大的。

《周易》教导人们要柔顺，要顺应客观规律，但并非毫无主见而诸事顺从，也不能盲目听从所有意见；《周易》教导人们开展工作要有计划、有准备、有预案，且该计划与预案不能悖于中正之道，不可悖于道义，需做到科学合理且契合客观实际，也应该依据客观情形的变动适时予以调整。

在管理启示方面，管理者首先要认识到企业的运营必须遵循一定的规律。无论是市场的供需规律、行业的发展周期规律，还是企业内部的组织管理规律等，都像天地运行的法则一样不可违背。例如在制定企业战略规划时，应顺应市场趋势，如果市场正朝着数字化、智能化方向发展，企业就应积极布局相关业务领域，像天地顺应时令变化一样自然流畅，这样才能在市场竞争中把握先机，确保企业发展方向的正确性。

在企业管理的具体举措上，如制定规章制度、进行人员管理等也要顺应人性和组织发展的规律。当企业的管理措施能够契合员工的心理预期和成长需求时，就像圣人顺应规律而使得刑罚清明、百姓信服，员工会积极配合，提高工作效率和企业的凝聚力。而在开展重大项目或应对市场竞争时，更要审时度势，精准把握时机，因势利导。只有这样，企业才能在复杂多变的商业环境中稳健前行，避免因违背规律而陷入困境，实现可持续的长远发展，充分彰显出把握规律、顺势而为在企业管理中的核心价值与深远意义。

第五篇
如何在调查研究中用好唯物辩证法

在管理实践中，不少管理者虽然在调查研究中投入了大量的时间和精力，竭尽全力去收集各种信息，却常常无法准确捕捉到关键信息或核心要素。造成这种情况的一个主要原因在于他们未能有效地运用唯物辩证法。唯物辩证法作为一种科学的思维方法和世界观，能够帮助管理者全面、系统、辩证地看待问题和分析事物，从而在复杂的管理情境中准确把握关键信息，做出更加科学合理的决策。如果管理者不能用好唯物辩证法，就容易陷入片面、孤立、静止的思维误区，导致在调查研究中错过重要的线索和关键因素。

管理者在调查研究中运用唯物辩证法需从多方面着力。其一，以对立统一的观点看待问题，认识到管理中的矛盾双方既相互对立又相互依存，善于分析矛盾主次方面，通过协调平衡推动组织发展。其二，用相对的眼光审视管理对象和过程，避免片面与绝对化，根据不同情况客观准确地认识管理的各种指标和标准。其三，以动态的眼光观察分析，紧跟管理环境变化及组织内部发展，及时调整战略和运营模式，做好前瞻性规划。其四，把握创新与传承的辩证关系，在鼓励创新为组织注入活力的同时，重视传承优秀传统和经验，实现创新与传承的有机统一，从而更有效地在调查研究中运用唯物辩证法，提升管理水平。

第十七章

要善于用对立统一的观点看问题

　　一般人认识事物最容易出现的错误，就是把个别实例当成普遍的东西、把事物的表面现象当成事物的本质、把事物的枝节问题当成事物的根本、把片面的东西当成事物的整体。用这样的思想方法看问题，必然就歪曲了事物的本来面目，就无法正确认识事物。如何才能正确认识事物呢？那就是要善于用对立统一的观点看问题，用唯物辩证法来分析问题。

　　用对立统一的观点看问题，就是在看一个事物与其周围事物的关系时（分析一个事物的内部关系时也一样），既要看到它们之间相互对立的一面，又要充分认识它们之间相互统一的一面；既要认识它们之间相互斗争的一面，又要充分认识它们之间相互合作的一面；既要充分认识它们之间相互排斥的一面，又要充分认识它们之间相互依存的一面。

——

一、品《庄子》：要善于用一分为二的辩证方法看问题

原文

合异以为同，散同以为异。(《庄子·则阳》)

解析

把差异的事物融合为一体，把一体的事物分解出差异。

几个不同且相互独立的个体组织起来、彼此结合后就形成了一个新的独立整体。这种情形被称为"合二为一"，也可叫作矛盾的同一性。例如，几个具有不同个性的兄弟、姐妹回到家中便构成了一个整体——家庭。这个家庭在社会中是作为一个独立存在的单元。同样，一个独立的事物能够一分为二，拆解为众多存在差异且相互独立的个体，这也就是矛盾的对立性。好比一个家庭中的兄弟姐妹，当他们各自独立步入社会，家庭这个组织形式就不再以原有状态存在，而他们每个人都需要独自去应对形形色色的人和事。

就个人而言，每个人自身是思想与身体合二为一的统一体，也是优点与缺点相互融合的统一体，还是不同身体器官协同作用的统一体。同样，身体中的每个器官也能够进一步细分，呈现出一分为二的状态。公司如此，团队如此，国家也是如此。

在管理领域，"合异以为同"要求管理者具备卓越的整合与协调能力。团队成员往往各具特色，背景、技能、思维方式等存在诸多差异，管理者需搭建沟通协作的桥梁，让这些差异相互补充而非相互冲突，将个体的差异凝聚成集体的协同优势，就像拼图一样，把形状各异的板块巧妙组合成完整精美的图案，共同为实现组织目标而努力。而"散同以为异"则提醒管理者不能忽视组织内部的复杂性与多样性，即使在整体

目标和框架一致的情况下,也要深入剖析各部门、各业务环节细微的差别,精准挖掘问题根源并进行优化。例如在企业推行一项新政策时,既要确保全体员工对核心目标达成共识,又要根据不同部门的职能特点、不同岗位的工作需求制定差异化的执行细则,这样才能在保证组织一致性的同时激发内部的活力与创造力,使管理决策更贴合实际,推动企业在复杂多变的市场环境中稳健前行。

二、品《吕氏春秋》：善于用合二为一的辩证观点看问题

▎原文

故细之安必待大,大之安必待小。细大贱贵交相为赞,然后皆得其所乐。(《吕氏春秋·务大》)

▎解析

细微之处的安稳必定依赖于大局,大局的安稳必定依赖于细微之处。细微与宏大、卑贱与高贵相互辅助,然后各方都能得到其所应有的满足与安乐。

局部的稳定,必然要依赖全局的稳定；全局的稳定,也必然需要局部的稳定来支撑。全局与局部之间、不同层级的群体之间,都应当相互依存、相互信任、相互促进,如此才能各安其位,进而推动整个体系走向繁荣、安全、和谐与幸福。

任何一个整体均由众多局部所构成（都具备可分解性）；而任何一个局部也都是整体不可或缺的一部分（都需要从整体关联的视角去考量）。个人的幸福与自由仰仗家庭的和睦与健康；家庭的繁荣,离不开

国家的稳定与社会的和谐。国家的昌盛和社会的安宁，同样离不开每个家庭以及每一个个体的奉献与支持。同样，上级与下级之间也存在着相互依存的关系。

在管理工作中，管理者既要着眼于宏观战略布局，又不能忽视微观细节操作。宏观战略为企业发展确定方向与框架，就像灯塔指引航船前行的大方向，但如果没有对细节的精雕细琢，比如生产环节的每一道工序把控、客户服务中的每一次交互质量，战略目标就难以有效落地。同时，组织内无论是基层员工还是高层管理者，无论是看似平凡的岗位还是关键核心岗位，都有着不可或缺的价值，需要相互协作配合。高层制定政策，基层负责执行并反馈实际情况，共同推动企业这部机器良好运转。只有充分认识到大小、贵贱（这里并非指真正的等级贵贱，而是不同层级与职能的重要性）各要素间的相互依存关系，协调好各方资源与力量，才能营造一个和谐有序、高效运作的管理环境，让企业在整体上实现稳定发展，让每个参与其中的个体和部门都能在实现企业价值的同时收获自身的成长与满足。

三、品《论语》："叩其两端"讲辩证，不左不右守中庸

原文

子曰：吾有知乎哉？无知也。有鄙夫问于我，空空如也，我叩其两端而竭焉。(《论语·子罕》)

解析

孔子说："我有知识吗？其实没有知识。有一个乡下人问我问题，

我对他询问的事情原本一无所知,我只是从问题的正反两方面去询问、探究,然后把问题的全部搞清楚了。"

叩,意为叩问。所谓"两端",指提问者所提出问题的两个极端或边界。竭,就是穷尽、彻底探究之意。"叩其两端而竭焉"是说孔子针对提问者的问题,依据其内在逻辑分别朝着两个极端去深入追问,通过这种引导,直至将问题探究到极致,如此一来,问题便会迎刃而解,答案也会清晰呈现。

人的精力总归有限,没有人能够对世间万事都了如指掌、无所不知,但掌握科学的分析、研究与解决问题的方法,领悟唯物辩证法思想却至关重要。"叩其两端而竭焉"恰是一种极具价值且符合辩证思维的思想方法。在探究某个问题时,例如思考某个举措是应更激进一些还是保守一些,是倾向于某一方向还是其相反方向更为适宜,此时便可以假设朝某一极端(如激进方向或提升方向)推进会引发何种状况,将其剖析透彻,同时也对朝另一极端(如保守方向或降低方向)发展可能产生的问题进行梳理。如此一来,便能轻易洞察不同倾向所伴随的优劣利弊,进而能够在相对且动态的情境中选定一个较为合理的数值或方案。而这一方法,实则也是"中庸之道"的思想根基。

在管理中,这启示管理者要保持谦逊的态度,不要自认为无所不知。当面临下属提出的复杂问题或全新挑战时,即使管理者起初可能对具体内容了解有限,也不应回避或敷衍。要像孔子那样,通过深入探究问题的各个方面,从不同角度去剖析,例如分析问题产生的根源以及可能导致的各种结果,充分挖掘信息,调动各种资源和智慧来寻求解决方案。同时,这也提醒管理者要注重与员工的双向沟通,鼓励员工提出问题,在交流互动中共同梳理问题的脉络,从而全面地认识问题并找到恰当的处理方式,提升团队解决问题的能力和整体管理效能，促进组织内部知识的共享与创新，营造积极探索、共同成长的管理文化氛围。

四、品《庄子》：善于从正反两方面来认识问题

■原文

至人之用心若镜，不将不迎，应而不藏，故能胜物而不伤。(《庄子·应帝王》)

■解析

境界高的人内心像镜子一样客观公正，不刻意追求或迎合外界事物，真实地回应外界而不歪曲隐瞒，所以能够很好地把握事物，并且自己的内心也不会受到伤害。

在管理活动中，管理者应追求一种如镜子般的心境与处事方式。对待员工的表现、企业内部的各种现象以及外部市场的变化，要做到不预设立场、不主观臆断地去迎合或抗拒；要以客观公正的视角去观察和理解，如实反映实际情况，不隐瞒问题也不夸大其词。例如，在绩效评估时，管理者应依据员工真实的工作成果和行为表现进行评价，而不是掺杂个人情感或偏见；再如，在面对市场竞争和机遇时，管理者应冷静地分析局势，不盲目跟风也不盲目排斥。这样的管理方式能够使管理者精准地把握事物本质，做出恰当决策，在处理各种复杂事务和人际关系中保持理性与冷静，避免因过度的情感卷入或错误的判断而对企业和自身造成损害，从而带领企业平稳地应对内外部的种种挑战，实现持续健康的发展。

五、品《吕氏春秋》：物极则必反，月盈则必亏

原文

全则必缺，极则必反，盈则必亏。先王知物之不可两大，故择务，当而处之。(《吕氏春秋·博志》)

解析

事物发展到完备就必然走向缺损，发展到极致就必然走向反面，发展到盈满就必然走向亏损。古代的君主知道事物不可能两方面同时壮大，所以加以选择，以恰当的方式去处理。

俗话说："祸兮福所倚，福兮祸所伏。"世间万物都遵循物极必反的规律。当抵达极限之处，便需要为向反面转化做好准备。如果一个人成功时以成功者自居，便有可能滋生骄傲情绪，而骄傲往往会迅速招致失败。而"失败是成功之母"，一个人遭遇失败时，往往会变得谨慎、小心、认真且心怀敬畏，能够虚心且认真地去体察客观事物的状况与运行规律，如此一来，下一步取得成功便成为可能。总之，如果一个人始终能保持谦虚谨慎，不骄不躁，便能有效规避失败，远离灾祸。

在企业管理中，此理念极具警示意义。企业的发展规模、市场份额、产品多元化等都不应盲目追求极致与全面。例如，企业在扩张产品线时，如果过度追求品类的齐全，可能会因资源分散而导致各产品都缺乏核心竞争力，陷入"全则必缺"的困境；在追求市场占有率的过程中，如果采用激进的手段将市场份额扩张到极限，可能引发竞争对手的强烈反击或自身运营成本过高，出现"极则必反"的局面；在盈利增长方面，如果一味追求利润最大化而忽视其他因素，比如过度压榨成本导

致产品质量下滑或员工福利过低影响工作积极性，最终会使企业声誉受损、人才流失，造成"盈则必亏"的结果。管理者应深谙此道，在制定战略时把握好度，权衡利弊，选择与企业核心能力、资源状况相匹配的业务方向与发展规模，合理布局资源，避免过度贪婪与冒进，确保企业在稳健的轨道上持续发展，实现长期的可持续性经营。

六、品《荀子》：兴依条件始，衰缘变化生

原文

凡物有乘而来。乘其出者，是其反也。(《荀子·大略》)

解析

大凡事物都是有某种缘由、凭借而产生发展的。事物凭借某种条件而兴起，也会因这种条件的变化而走向反面。

在企业管理中，这提醒管理者要深刻洞察企业运营成功所依托的各种因素。例如，一家企业可能凭借某一款独特的产品迅速占领市场而崛起，产品的创新性、性价比等就是其"乘"。但如果管理者过度依赖这一产品，而忽视市场需求的动态变化、技术的更新换代以及竞争对手的模仿与超越，当市场偏好转变、新技术使该产品优势不再或者竞争环境恶化时，企业就会面临困境，原本的优势会转化为劣势。所以，管理者要有前瞻性眼光，在企业发展过程中，持续评估赖以成功的因素，及时调整战略，培育新的竞争力源泉，不能躺在过去的成功"温床"上。同时，在利用外部机遇比如政策利好、新兴市场兴起等"乘"势发展时，也要预见到这些条件可能消失或反转的情况，提前做好应对预案，建立

多元化的发展模式和风险防范机制，以确保企业在复杂多变的商业环境中始终保持适应性和生命力，实现长期稳定的发展。

七、品《荀子》："维齐非齐"讲辩证，对立共存才是真

■ 原文

《书》曰："维齐非齐。"（《荀子·王制》）

■ 解析

《尚书》中说："要达成整体的整齐划一，并非让所有个体都毫无差别地平均一致。"其内涵在于承认事物之间存在差异，但可以通过合理的协调与治理，实现一种有序的整体均衡状态。

在《荀子·天论》中提到："有齐而无畸，则政令不施。"如果所有人都整齐划一，毫无差别，不遵循上下级间有别的伦理秩序，一味追求绝对的平等与公平，全然否定人与人之间存在的差异，最终将会导致政策法令难以施行，国家陷入混乱，社会反而越发缺乏秩序、平等。

在管理工作中，"维齐非齐"有着深刻的指导意义。管理者面对团队成员时，成员们在能力、性格、专业背景等方面必然是参差不齐的。优秀的管理者不应强求一律，而是要善于发现并利用这些差异。比如，将擅长创意策划的成员与精于执行落实的成员组合，让富有经验的老员工与冲劲十足的新员工相互配合，使他们在各自的岗位上发挥独特优势，就像不同乐器在乐队指挥下共同奏响和谐乐章，最终达成团队整体目标的实现。在企业制度与文化建设方面，也不必追求绝对的统一标准，允许在遵循核心价值观与战略方向的基础上，各部门、各分支机构

依据自身业务特点和地域文化特色进行适度调整与创新，这样既能保证企业的凝聚力与向心力，又能激发组织的活力与创造力，避免因过度僵化的统一管理而抑制了企业发展的多元性与适应性，从而推动企业在复杂多变的市场环境中稳健前行，实现可持续的高质量发展。

第十八章

要善于用相对的眼光看问题

在我们所处的世界中，万物都以相对的形式存在。例如，强相对于弱而存在，正电相对于负电而存在等。如果要正确地认识事物，就须运用相对的视角来剖析它。比如，老师因学生而存在，要判断其是否为优秀教师，学生最具发言权；管理者相对于被管理者而存在，评估一位管理者的业绩，其下属以及团队中的广大成员最有发言权；一个企业及其产品相对于用户而存在，企业的优劣、产品的好坏，通过对客户的调查便能知悉。

运用相对的眼光看待问题，意味着不能秉持绝对的眼光。例如，汽车能够承载数十吨货物在公路上行驶，而一个人最多仅能背负百斤重物行进。相较于汽车，人的体力看似几乎毫无价值。然而，人却能够负重行走于乡间小道，能够翻山越岭，在特定条件下，汽车反而毫无价值可言。

——

一、品《淮南子》：万物都是相对的，不能绝对地看问题

原文

夫秋毫之末，沦于无间而复归于大矣。芦苻之厚，通于无垠，而复反于敦庞。(《淮南子·俶真训》)

解析

像秋毫之末这样微小的东西，可以进入到没有孔隙的地方，秋毫比起"道"，又算是大的了。"道"像极薄的芦苇的膜，可以通达到没有边际的地方，但是又可以返回到厚大的芦苇之中。

在管理领域，这两句话提醒管理者要重视微小事物的力量与变化趋势。在企业中，每一个细微的环节，如生产流程中的一个小小改进、员工的一个微小创意，看似微不足道，就像秋毫之末、芦苻之薄，但如果加以重视并合理引导，这些微小因素不断积累、整合，就能产生巨大的影响力，推动企业走向宏大与繁荣。例如，注重优化每一个生产工序的小细节，可能会大幅提升产品质量与生产效率；鼓励员工提出哪怕是最不起眼的创新点子，汇集起来可能成为企业创新发展的强大动力。同时，事物的发展是循环往复且相互转化的，企业在发展过程中，即使处于看似巅峰的状态，也要警惕可能隐藏的危机，因为事物可能反转回归到艰难的处境；而在面临困境时，也要看到转机，相信通过对微小处的精心雕琢与努力，能够逐步走向兴盛。管理者应具备这种洞察细微与把握宏观转化的能力，灵活调整管理策略，引导企业持续健康发展。

二、品《正蒙》：要把不同的侧面联系起来看问题

■ 原文

物无孤立之理，非同异、屈伸、终始以发明之，则虽物非物也。事有始卒乃成，非同异、有无相感，则不见其成。不见其成，则虽物非物。故曰：屈伸相感而利生焉。（《正蒙·动物篇》）

■ 解析

事物没有孤立存在的道理。如果不凭借对事物的相同与相异、伸展与收缩、开始与终结这些方面来揭示它的特性，那么即使有这个事物，也不能真正认识它。事情有开始和结束才能算成功，不通过事物的相同与相异、有与无的相互感应，就看不到事情的成功。看不到成功，即使有这个事物也等于没有。所以说：事物的伸缩变化相互感应，从而有利于事物的生成与发展。

在管理领域，这段话有着重要的启示意义。首先，管理者要明白企业内的各个部门、各项业务以及每一位员工都不是孤立存在的，它们相互关联构成了一个有机的整体。就像不能孤立看待某个事物一样，不能将营销部门与生产部门、研发部门等割裂开来，而应充分认识到它们之间在产品从研发到推向市场的整个流程中存在的同异、屈伸、终始等关系。比如，研发阶段的创新（屈伸中的伸）可能会在后续生产环节带来规模扩张（也是一种伸），但也可能因为创新过度导致生产工艺难以适应（屈伸中的屈），这就需要管理者协调好这种关系。

其次，管理者在推动项目或开展业务时，要重视从多角度分析事情的发展过程，通过考量同异、有无等关系来判断事情是否能达成预期成果。例如，在引入一项新的业务模式时，要对比它与现有业务模式的相

同点和不同点（同异），思考新业务模式带来的新机遇（有）和可能面临的风险（无），只有这样才能清晰地看到这项业务是否能够成功开展。

最后，管理者要善于利用事物之间动态的相互关系来创造利益。比如，鼓励员工在面对市场变化时能够灵活调整工作方式，员工之间、部门之间通过良好的沟通协作，从而提高工作效率、提升产品质量等，进而为企业带来更多的利益和发展机遇，通过把握事物间的动态关系实现企业的良性发展。

三、品《淮南子》：把事物置于整个系统中才能正确认识它

原文

走不以手，缚手，走不能疾；飞不以尾，屈尾，飞不能远。物之用者，必待不用者。故使之见者，乃不见者也；使鼓鸣者，乃不鸣者也。（《淮南子·说山训》）

解析

人跑步不是靠手，但如果捆住了手，跑步就不能快；鸟飞行不是靠尾巴，但如果弯曲尾巴，飞行就不能远。事物发挥作用的部分，必定依赖不直接发挥作用的部分。所以，使某物能够显现出来的，恰恰是那些不显现的部分；使鼓能够发出响声的，恰恰是那鼓内不发声的部分（比如鼓身等支撑结构）。

总体而言，世间万物都处于特定系统之内，彼此相互关联，相互作用、相互斗争、相互转化、相互促进。在这个世界上，不存在绝对孤立

的事物，也不存在可单独发挥效能的事物。一事物在与他事物的交互运动及转化进程中，遵循着特定的内在秩序，此秩序即为我们需要认知的该事物的运动规律。

在管理工作中，这段内容有着深刻的启示。首先，它提醒管理者要认识到团队中每个成员、每个岗位都有其独特价值，即便有些岗位看似不直接产出成果，但其重要性不容小觑。就像跑步时的手、飞行时的尾，虽然不是主要的发力部位，但却对整体的行动有着不可或缺的辅助作用。比如企业里的后勤部门，虽不直接参与产品的研发生产或销售，但保障着办公环境的正常运转、物资的及时供应等，如果忽视后勤工作，企业的整体运营效率必然大打折扣，其他部门也难以高效开展工作。

其次，管理者要明白整体的良好运作是各部分协同配合的结果，不能只看重那些直接创造业绩的部门或人员。要注重构建一个有机的整体，让各个环节相互依存、相互支持。就像鼓鸣需要鼓身等不发声部分的支撑一样，企业的发展也需要各部门间形成稳固的架构，从高层管理到基层员工，从业务部门到职能部门，每个部分都在默默地发挥着自己的作用，共同推动企业前进。

再者，在资源分配和关注重点上，不能一味地将资源和目光都聚焦在能直接"见成效"的地方。要兼顾那些看似不显眼但至关重要的部分，合理安排资源以保障整个组织系统的平衡与稳定。只有当管理者充分理解并重视这些"不用者"的价值，协调好各部分之间的关系，才能使企业如一个协调运转的机体，高效、稳健地发展，实现长远的目标。

四、品《庄子》：积水能行舟，聚资助发展

▍原文

且夫水之积也不厚，则其负大舟也无力。覆杯水于坳堂之上，则芥为之舟。置杯焉则胶，水浅而舟大也。(《庄子·逍遥游》)

▍解析

水积聚得不够深厚，那么它负载大船就没有力量。在堂前低洼之处倒一杯水，那么只能用小草当作船。如果放置杯子在上面就会搁浅，这是因为水太浅而船太大了。

任何事物的存在都需要依托特定条件，不存在绝对孤立的事物。万物相互关联、彼此作用且相互依存，都处于遵循一定规律的历史动态进程之中，都需要具备立足之根基才能存续。正如建房时基础如果未筑牢，房屋越高则越具危险性，随时可能坍塌。

在管理领域，这段话提醒管理者重视资源与能力的积累。企业如果想承担重大项目、实现大规模扩张等宏大目标，就必须先沉淀足够深厚的实力基础，包括资金、技术、人才储备、品牌影响力等多方面资源。如果在基础薄弱时贸然行事，就像浅薄之水承载大船，必然举步维艰甚至失败。例如一些新兴企业，在自身技术研发尚未成熟、资金链不够稳固、市场渠道尚未有效建立时就急于进军广阔且竞争激烈的市场，试图开展大规模业务布局，往往会因资源匮乏、能力不足而陷入困境，例如产品质量难以保证、服务无法跟进、资金周转不灵等问题接踵而至。管理者应懂得稳扎稳打，循序渐进地培育企业的核心竞争力，在资源与能力的"水池"足够深广时，再去挑战更具规模和难度的任务，这样才能确保企业在发展的航道上顺利航行，实现可持续的成长与壮大。

五、品《周易》：物极必反"穷则变"，顺应规律"通则久"

▎**原文**

《易》穷则变，变则通，通则久。(《周易·系辞下》)

▎**解析**

《周易》所反映的法则是，事物发展到尽头、陷入困境就会发生变化，发生变化就能通达顺畅，通达顺畅就能长久存续。

在管理实践中，"穷则变，变则通，通则久"有着极为关键的指引作用。当企业面临困境，比如市场份额持续下滑、产品竞争力减弱、运营成本居高不下等类似"穷"的状况时，管理者不能墨守成规，而应果断寻求变革。这可能涉及对产品结构的调整优化，淘汰落后或滞销产品，研发创新性产品以满足市场新需求；或是变革营销策略，突破传统推广渠道与方式，借助新兴媒体与数字化手段精准触达目标客户；也可能意味着对内部管理流程进行重塑，去除烦琐冗余环节，提高组织运营效率等。通过这些变革举措，企业有望打破僵局，开辟新的发展路径，实现"通"的局面，恢复生机与活力，进而保障企业在不断变化的市场环境中长久稳定地发展，适应各种挑战与机遇，持续创造价值并保持竞争优势。

六、品《庄子》：非彼非是，方生方死；肯定否定，辩证共存

原文

物无非彼，物无非是。自彼则不见，自知则知之。故曰：彼出于是，是亦因彼。彼是方生之说也。虽然，方生方死，方死方生；方可方不可，方不可方可；因是因非，因非因是。(《庄子·齐物论》)

解析

事物没有不是那一方面的，事物也没有不是这一方面的。从那一方面就看不到这一方面，从自身这一方面来了解就会知道。所以说：那一方面是出于这一方面，这一方面也是因为那一方面。这就是彼此相互依存而产生的观点。即便如此，事物正在生成也就正在走向死亡，正在走向死亡也就正在生成；刚刚被认可就马上不被认可，刚刚不被认可就马上又被认可；有因而认为是正确的就有因而认为是错误的，有因而认为是错误的就有因而认为是正确的。

世界上的任何事物在运动变化进程中，无时无刻不在肯定自身，又无时无刻不在否定自身。在任何时刻，你既是当下的自己，同时又已不同于前一刻的你。

清初唯物主义哲学家王夫之曾言："天地万物，恒生于动而不生于静。"天地之间，不存在静止不动的事物。天地间的万物由这永恒运动的历史浪潮孕育而生，最终也会被这历史浪潮所淘汰。天地孕育万物，滋养万物；万物于天地之间持续不断、奋勇向前地运动着、发展着。在这历史浪潮里，个体需仰仗万物才能生存；与此同时，个体在运动过程中也孕育、滋养着其他事物，自身的存在也成为其他事物的依托。比

如：每个人都将成为他人的朋友、他人的配偶、他人的长辈、粮食的耕种者、产品的制造者、人民的服务者等，万物始终处于运动状态。即便目睹一个看似静止的事物，其静止也只是相对而言。在其静止表象下蕴含着运动，并非全然不动。例如：人在睡眠时，其呼吸系统、血液循环系统、神经系统等，依然持续运作、不停运动；并且，人虽入睡，却仍随地球围绕太阳公转，且伴随地球自转，持续处于运动之中。观察一个处于运动状态的事物，其运动之中也包含静止。静中有动，动中有静，动静都是相对概念。

在管理中，此观点提醒管理者看待事物要避免片面性。团队成员之间、部门之间的关系都是相互依存且处于动态变化中的。例如在评估员工表现时，不能绝对地判定某员工的行为或绩效是绝对的好或坏。一个勇于尝试新方法但可能短期内未取得成果的员工，从长远看也许会带来创新突破；而一直表现稳定但缺乏创新的员工，在市场变革时可能面临困境。管理者应超越单一视角，认识到事物的多面性与变化性，不被固定观念束缚。在决策时，要考虑到各种因素相互影响、相互转化的关系。比如制定企业战略，不能只看到当下的市场趋势（是），而忽视潜在的新兴力量（彼），因为当下的优势可能迅速转变为劣势，而看似微小的因素可能崛起成为关键力量。要以动态、全面的思维去理解管理中的各种现象与关系，灵活调整管理策略，适应组织内外部环境的持续演变，促进企业在复杂多变的情境中持续发展与平衡。

七、品《庄子》:"阴阳错行"育万物,"有雷有霆"有生机

原文

　　阴阳错行,则天地大骇,于是乎有雷有霆,水中有火,乃焚大槐。有甚忧两陷而无所逃。螴蜳不得成,心若悬于天地之间,慰暋沈屯,利害相摩,生火甚多,众人焚和,月固不胜火,于是乎有僓然而道尽。(《庄子·外物》)

解析

　　阴阳错乱运行,那么天地就会大受惊骇,于是就有了雷霆,大雨中夹带着闪电(犹如水中有火),竟然能够焚烧大树。(人处于这种阴阳错乱的情境下)有着深深的忧愁,好像陷入两难困境无法逃脱。心神不安定而不能有所成就,内心好像悬挂在天地之间,忧闷烦乱、沉滞不舒,利害相互摩擦冲突,内心生出的焦躁之火很旺,众人都在这种焦躁中丧失了中和之气,就像微弱的月光终究抵挡不住熊熊烈火,于是人就会颓丧而丧失了道(指自然的正道、常理)。

　　战国时期的学者公孙龙曾言:"知此之非此也,知此之不在此也,则不谓也。"任何事物在任何时刻都处于运动、变化与发展的进程之中。人们原先对该事物的认知、所总结出的知识以及归纳而成的理论,未必能够精准地反映该事物当下实际的状况;以往所总结的经验,也未必适宜用于指导当下的实践活动。因此不能以陈旧的知识、僵化的眼光去看待事物;也不能用"守株待兔""刻舟求剑"的态度,运用一成不变的教条、过时的理论,机械地搬用以前的经验来指导当下的实践,而应与时俱进,依据事物的实时变化灵活调整认知与应对策略。

在管理领域，这段话有着深刻的警示意义。首先，它提醒管理者要重视组织内部的和谐与平衡，就像天地间阴阳需有序运行一样。当企业内部各种关系、流程、人员安排等出现错乱失调的情况，比如部门之间职责不清导致相互推诿（类似阴阳错行），就会引发诸多矛盾和冲突，像工作效率低下、员工士气低落等问题，出现各种混乱局面。

其次，管理者要关注员工的心理状态。在面对复杂多变的工作环境和可能出现的组织内部矛盾时，员工可能会陷入焦虑、迷茫的"两陷而无所逃"的境地，内心如悬于天地之间般不安。管理者应及时疏导员工情绪，营造良好的工作氛围，通过有效的沟通机制和团队建设活动等，让员工感受到支持与关怀，避免员工因利害冲突等因素而丧失内心的平和与工作的积极性。

最后，管理者自身要保持清醒的头脑和对正道的坚守。在市场竞争激烈、企业发展面临诸多挑战的情况下，不能被短期的利益所迷惑，陷入急功近利的状态，导致决策失误。要以长远的眼光、遵循管理的基本规律（就像遵循天地运行的正道），来协调组织内外部的各种关系，确保企业在健康、和谐的轨道上稳步发展，避免因混乱无序而使企业走向衰败。

八、品《春秋繁露》：要善于从多元立场、不同视角全方位审视问题

▌原文

凡物必有合。合，必有上，必有下，必有左，必有右，必有前，必有后，必有表，必有里。（《春秋繁露·基义》）

> **解析**

但凡事物必然存在相互配合、对应的部分。有配合，就必然有上的部分，必然有下的部分；必然有左的部分，必然有右的部分；必然有前的部分，必然有后的部分；必然有表面的部分，必然有内里的部分。

诸葛亮于《便宜十六策·思虑》中提到："仰高者不可忽其下，瞻前者不可忽其后。"大意是当将注意力与目光投向高空仰望之时，不要忽略脚下之事；在关注前方利益之际，也不可对利益背后潜藏的危机视而不见。

万物都处于持续演进的历史洪流的运动与发展进程之内，彼此相互关联、相互依存。人也是如此，置身于万物相互运动与相互斗争的动态情境之中，要善于从多元立场与不同视角全方位审视问题，将各个层面有机联系以展开研究与剖析；用动态视角看待问题，既要洞察事物当下的状态，也要熟知其过往历史，更要精准把握其未来走向。不能像盲人摸象那样，仅触及事物局部特征便将其视作事物整体与本质；也不能仅凭道听途说所得的知识，便认定其为绝对真理；不能仅着眼于眼前的微利，却对这"利"背后隐匿的危机茫然不知。

在管理工作中，这一理念表明任何组织或管理系统都是由相互关联、相互对应的要素构成的。例如在组织架构里，有高层管理的"上"，就必然有基层执行的"下"，高层负责制定战略方向、规划蓝图，基层则负责将这些规划具体落实到实际工作中；有负责核心业务拓展的"前"线部门，如销售、市场等，就必然有提供后勤保障、风险管控等的"后"勤及内控部门，两者相互依存，共同推动企业业务的开展。

从团队协作角度看，成员之间也存在着类似的"合"关系。有擅长出谋划策、引领方向的"左"脑型成员，就会有精于执行细节、注重实际操作的"右"脑型成员，管理者要认识到这些差异与联系，合理安排岗位与任务，促进成员间的优势互补与协同合作。

再者，在管理决策过程中，管理者要充分考虑到决策所涉及的各个方面，不能只片面关注某一个维度。比如在制定产品策略时，既要考虑到产品当前的市场定位（前），也要思考产品未来的发展走向（后）；既要顾及产品在高端市场的竞争力（上），也要重视在中低端市场的渗透力（下）。只有全面把握这些相互对应的因素，才能使管理决策更加科学、完善，推动组织平衡、稳定且高效地发展。

九、品《淮南子》："动而有益"损随之，"剥"到尽头"复"来也

■原文

动而有益，则损随之。故《易》曰："剥之不可遂尽也，故受之以复。"（《淮南子·缪称训》）

■解析

人的举动会带来利益，那么损害也会随之而来。因此《周易》中说："剥落是不可能全部干净的，因此又用复生来承续它。"

任何事物都具有两面性。诸如机会与风险、收获与代价、成功与挫折、舍弃与获取、健康与疾病、生存与死亡，都相互对立又彼此依存，辩证统一，各自凭借对立一方彰显其存在意义。在拟定一项工作方案时，既要考量其有利之处，也需充分预估可能付出的代价以及潜在的意外困难；物极必反，当事情陷入极度艰难的情况时，转机或许悄然临近；人处于辉煌成功的时候，正是最需要保持谦虚谨慎态度的时候。

在企业管理中，这一理念警示管理者不能一味地追求扩张、盈利等积极成果而忽视潜在风险。例如，企业为了快速拓展市场份额，过度投入资源进行大规模的营销活动或激进的业务扩张，短期内可能销量大增、业绩提升，但可能会导致资金链紧张、内部管理跟不上、品牌形象受损等后续问题。就像只看到"动而有益"的一面，却忽略了"损随之"的风险。

同时，也提醒管理者要有危机意识和长远眼光。当企业处于发展的高峰，看似一切顺利时，要意识到这种状态不可能永远持续，应提前布局应对可能到来的衰退或危机，积极探寻转型、创新等"复"的契机，比如提前投入研发新技术、培育新业务增长点、优化内部管理流程等，以便在市场环境变化或企业面临困境时能够快速调整，恢复生机与活力，实现企业的可持续发展，避免因过度追求眼前利益而陷入难以挽回的衰败境地。

第十九章

要善于用动态的眼光看问题

　　宇宙万物共同存在于同一空间之中，彼此相互关联、相互依存、相互矛盾、相互斗争、相互促进、相互转化，并伴随着时间长河与历史洪流一同向前推进。任何事物在任意时刻都处于动态变化中，在不同的时间节点和空间位置，所面临的情形各异。例如：去年成效显著的经营策略，今年或许就变得不合时宜；他人行之有效的做法，如果自身不顾及客观条件的变动而盲目效仿，极有可能遭遇失败。

　　因而，作为决策者应该擅长以运动、发展、变化的视角去审视问题，不能用静止不变的眼光看待事物。

一、品《论语》：管理遵循"四毋"，发展避开歧途

▎原文

　　子绝四：毋意，毋必，毋固，毋我。（《论语·子罕》）

■ 解析

孔子杜绝四种弊病：不主观臆测，不绝对肯定，不固执己见，不自以为是。

在管理工作中，"毋意"要求管理者避免仅凭个人直觉或无端猜测来判断事务。在面对复杂的市场信息、员工表现以及企业运营状况时，不能依据片面的现象就妄下结论，而应深入调查、收集多方面数据，以客观事实为依据进行分析决策。例如，当员工某项工作出现失误时，不能先入为主地认定是其态度问题，而要全面考量是否存在流程不合理、资源不足或外部不可控因素等。

"毋必"提醒管理者不要陷入绝对化的思维定式。企业发展过程中充满不确定性，不能认定某种策略或计划必定成功，也不能断言某个项目一定会失败。比如在制定年度目标时，不能设定过高且僵化的业绩指标，而应结合市场动态、行业趋势以及企业自身实际情况，制定具有弹性和适应性的目标，并随时根据变化进行调整。

"毋固"告诫管理者不能固执地坚持己见，要保持开放的心态。当团队成员提出不同意见或新的创意时，不应因与自己原有的观念或既定方案不符就予以否定。在企业面临战略转型或业务调整时，如果管理者过于固执，可能会错失创新发展的机会，导致企业在激烈的市场竞争中逐渐落后。

"毋我"则强调管理者不应将个人的私欲、权威置于企业整体利益之上。在决策过程中，要充分考虑团队成员的建议和利益相关者的诉求，不能独断专行。例如在分配资源时，不能仅仅为了满足自己所关注的部门或项目而忽视其他有潜力或急需支持的部分，应从企业全局出发，促进整体的和谐与平衡发展，从而提升企业的凝聚力和竞争力，使企业在多变的商业环境中稳健前行。

二、品《列子》："理无常是"皆相对，"事无常非"讲辩证

▌原文

且天下理无常是，事事无常非。先日所用，今或弃之；今之所弃，后或用之。(《列子·说符》)

▌解析

天下的道理没有永远正确的，事情也没有永远错误的。以前所采用的，如今或许会被舍弃；如今所舍弃的，以后或许又会被采用。

在这个世界上，并不存在绝对的事物。世间万物都具有相对性，始终处于运动、变化与相互作用的进程之中。任何所谓的"好"都是相较于"坏"而存在的概念。例如，即便是被视作天下最为恶劣的人，在面对自己子女时，也可能展现出良善的一面。世界上既没有绝对的正确，也不存在绝对的错误。就像人需要进食，这在正常情况下是正确的行为，然而如果无节制地持续进食，便可能导致严重后果，甚至危及生命。利益与危害能够相互转化，譬如有人背负一袋黄金，这本是非常有利的事，可一旦其不慎落入水中，这袋黄金或许就会成为致命因素；如果被强盗所觊觎，同样可能因此遭遇灾祸，危及性命。

在管理领域，此观念犹如一盏明灯，提醒管理者务必保持敏锐的洞察力与灵活应变的能力。市场环境瞬息万变，行业动态变幻莫测，企业内部的各种理念、方法、制度等都不应被视作一成不变的教条。例如，曾经行之有效的传统营销模式，在互联网时代的浪潮冲击下，可能需要被重新审视与调整，甚至被新兴的数字化营销手段所取代；而一些被企业在创业初期因资源有限而放弃的多元化业务拓展计划，随着企业规模

的壮大、资金与技术的积累，在未来可能成为新的利润增长点与战略布局的关键环节。

管理者不能因循守旧，被过往的成功经验束缚住手脚，而应积极拥抱变化，持续关注内外部环境的变迁。建立起动态的评估机制，定期对企业的管理策略、业务流程、产品服务等进行复盘与优化；鼓励团队成员勇于尝试新事物，培养创新思维，营造开放包容的企业文化氛围；只有这样，企业才能在风云变幻的商海中，精准捕捉机遇，巧妙规避风险，始终保持旺盛的生命力与强大的竞争力，实现可持续的长远发展。

三、品《庄子》：朝菌不知晦朔之美，小人不知君子之乐

▌原文

朝菌不知晦朔，蟪蛄不知春秋，此小年也。（《庄子·逍遥游》）

▌解析

朝生暮死的菌类不知道一个月有月初月末，春生夏死、夏生秋死的寒蝉不知道一年有春季和秋季，这些都是短寿。

老鼠只能察觉眼前一定范围内的事物，对远处的事物则视而不见；鱼儿仅能留意到诱人的香饵，却无法洞察香饵背后隐匿的铁钩；目光短浅的人往往只能聚焦于眼前的利益，全然忽视利益背后潜藏的危机；燕雀难以领会鸿鹄的宏伟志向；浅薄的人一心追逐私欲，欲望得逞便沾沾自喜，欲望落空则烦闷苦恼，他们永远无法体悟君子追求高尚道德生活所获得的愉悦……万物都有各自独特的立场、看待问题的

视角以及相应的局限性。如果要精准地认知客观事物，就必须努力突破此类局限。

在管理工作中，这提醒管理者要有广阔的视野和长远的眼光。不能像朝菌和蟪蛄那样，局限于短暂的时间范围和狭小的认知空间。例如，在制定企业战略时，如果管理者只关注当下的短期利益，如追求本季度的业绩指标而忽视产品研发、市场培育等长期投入，就像朝菌只知晓眼前的旦夕，企业未来可能面临产品竞争力不足、市场份额萎缩等困境。管理者应站在行业发展、市场趋势的宏观角度，深入研究经济周期、技术变革等长远因素，提前布局，为企业的可持续发展奠定基础。同时，也要避免因自身见识有限而对员工的潜力、新的商业机会或创新理念视而不见。要积极学习新知识，拓宽认知边界，以更全面、更长远的视角看待企业运营中的各种人和事，从而做出更具前瞻性和适应性的管理决策，引领企业在复杂多变的商业环境中茁壮成长。

四、品《韩非子》：得天时，则不务而自生；得人心，则不趣而自劝

■原文

明君之所以立功成名者四：一曰天时，二曰人心，三曰技能，四曰势位。非天时，虽十尧不能冬生一穗；逆人心，虽贲、育不能尽人力。故得天时，则不务而自生；得人心，则不趣而自劝；因技能，则不急而自疾；得势位，则不进而名成。若水之流，若船之浮，守自然之道，行毋穷之令，故曰明主。（《韩非子·功名》）

183

▎解析

贤明的君主之所以能够建立功勋、成就美名，原因有四点：一是顺应天时，二是赢得人心，三是具备技能，四是占据势位。如果不顺应天时，即便有十个像尧那样的圣明君主，也无法让庄稼在冬天长出一个穗子来；违背人心，即使有孟贲、夏育那样的大力士，也不能让人们竭尽全力做事。所以，顺应了天时，不用费力去做，事情自然就会发展起来；赢得了人心，不用督促，人们就会自我勉励；依靠技能，不用着急，做事自然就会迅速；占据了势位，不用刻意去追求，名声自然就会成就。就像水自然流淌，船自然漂浮一样，遵循自然的规律，施行不会走入穷途末路的政令，所以称作贤明的君主。

在管理领域，这段话为管理者提供了极为重要的指导原则。首先，管理者要重视对外部环境时机的把握，像顺应天时一样。市场的发展趋势、行业的周期变化等都是企业发展的"天时"，例如在新兴行业兴起的风口期及时布局业务，就可能借助市场的蓬勃之势轻松取得进展，反之如果忽视时机，强行推进不合时宜的项目，可能面临重重困难。

其次，赢得员工的心至关重要。管理者要关注员工的需求、期望和感受，营造一个公平、公正、和谐且有发展空间的工作环境，让员工感受到自身价值被认可，这样员工无需过多督促就会主动积极地投入工作，为企业贡献力量。

再次，管理者自身及团队应不断提升专业技能。拥有精湛的业务能力和丰富的管理技巧等"技能"，在处理各项事务时就能高效快捷。

最后，管理者要善于利用企业所具备的优势地位和资源等"势位"。合理运用品牌影响力、市场份额、资金实力等优势，能让企业在不刻意过度营销或扩张的情况下，自然而然地提升知名度、拓展业务，实现名声与业绩的双丰收。

总之，管理者要遵循这些自然之道，以灵活且顺应规律的方式制定管理策略、下达指令，使企业像顺水行舟般顺畅发展，从而成为成功的管理者，带领企业走向辉煌。

五、品《淮南子》：明于性者，天地不能胁；审于符者，怪物不能惑

■原文

由此观之，天地宇宙，一人之身也；六合之内，一人之制也。是故明于性者，天地不能胁也；审于符者，怪物不能惑也。故圣人者，由近知远，而万殊为一。古之人同气于天地，与一世而优游。（《淮南子·本经训》）

■解析

由此看来，天地宇宙就像是一个人的身体；天地四方之内，就像是受一个人所掌控。所以，明白事物本性的人，天地的变化也不能胁迫他；明察事物契合规律的人，怪异的事物也不能迷惑他。因此，圣人能够凭借近在眼前的事物推知遥远的情况，能将万物的千差万别归结为一体。古代的人与天地有着相同的气质，能够和整个时代一同悠然自在地生活。

在管理工作中，这段话蕴含着深刻且颇具启迪性的道理。首先，管理者应树立一种宏观且整体的视角，把企业乃至整个市场环境看作一个有机的整体，就像将天地宇宙视为一人之身。这意味着要全面考量企业内部各个部门、各个环节之间的相互关联与相互影响，以及企业与外部

供应商、客户、竞争对手等在市场这个大"六合"中的互动关系。不能孤立地看待某一部门的运作或某一项业务的开展，而要从整体上去协调资源、规划战略，确保企业这部"大机器"能够顺畅运转。

其次，管理者要努力成为那个"明于性者"和"审于符者"。要深入了解企业运营的本质规律，熟悉各项业务的特性，明白员工的需求与心理等，如此，即便面对市场的风云变幻、行业的突发状况等"天地变化"，也能保持清醒的头脑，不被外界的压力所胁迫，做出理性且符合企业长远利益的决策。同时，要善于洞察事物之间的契合点与规律，对于新出现的业务模式、市场趋势等"怪物"般的新鲜事物，能够准确判断其本质，不被其表象所迷惑，从而抓住机遇或规避风险。

最后，管理者要有由近知远的能力，通过对当下企业内部的日常运营、员工表现、客户反馈等近在眼前的情况进行细致分析，能够预测到行业的未来走向、市场的潜在需求等长远发展态势，提前布局、未雨绸缪。并且要能够将企业内形形色色、千差万别的员工、业务、资源等整合起来，形成一个协同作战的有机整体，让"万殊为一"，发挥出最大的合力，推动企业在时代的浪潮中与市场一同"优游"，实现可持续的发展，从容应对各种挑战与机遇。

六、品《淮南子》："物无贵贱"讲相对，效益成本总共存

> **原文**
>
> 由此观之，物无贵贱，因其所贵而贵之，物无不贵也；因其所贱而贱之，物无不贱也。(《淮南子·齐俗训》)

> **解析**

由此可以看出事物本身并没有绝对的贵贱之分。依据人们所看重的方面而认为它贵重，那么没有事物是不珍贵的；依据人们所轻视的方面而认为它低贱，那么没有事物是不低贱的。

例如，就制造电线而言，对于其用作内芯的材料，人们期望它的电阻越小越好；而对于制造电线所采用的绝缘材料来说，人们则盼望它的电阻越大越好。

在管理工作中，这一理念提醒管理者要摒弃对人和事的固有偏见与片面评判。在团队成员管理方面，不能简单地依据员工的职位高低、出身背景或初始技能水平等因素就判定其价值高低。例如，一位基层员工可能在创新思维或客户关系维护上有着独特的天赋与见解，如果管理者能发现并重视这些闪光点，充分挖掘其潜力，那么这位员工就能成为企业的重要财富；反之，如果仅仅因为其职位低微而忽视其价值，就可能埋没人才，使企业错失发展机遇。

在企业资源管理上，无论是有形资产如设备、原材料，还是无形资产如品牌、专利等，都不能一概而论地划分重要性等级。对于某些传统企业而言，老旧的生产设备可能被视为低效能资产而被轻视，但如果从历史文化传承或特定工艺生产的角度去重新评估，它可能蕴含着独特的价值，通过合理开发利用能为企业创造新的效益，这便是转换视角看待资源价值的体现。

再者，在企业战略决策过程中，对于市场机会、业务方向等的考量也不应被既有观念束缚。不能因为某个新兴业务领域目前规模较小或尚未被大众广泛认知就轻易否定，而应深入研究其潜在价值与发展趋势，如果能敏锐捕捉到其未来成长空间并提前布局，就能使企业在新兴赛道上抢占先机；反之，如果因循守旧，仅重视现有成熟业务，可能会在市场变革中逐渐失去竞争力。总之,管理者要以多元、动态的眼光看待企业运营中的各种元素,合理评估价值,充分挖掘潜力,促进企业全面、可持续地发展。

第二十章

要把握好创新与传承的辩证关系

创新,是指事物具有变革、发展、开拓、进取、进步的积极态势,也包含着一种跃动、阳刚的特性。与之相对的传承,则体现了事物保守、维持现状、守常、稳定、沉静、阴柔的一面。只要事物处于存续状态,就必然会持续孕育创新与变革的因素,一旦完全停止变革,事物也就走向了终结。

然而,任何变革都应当以维护事物的常态为根基。毕竟只有事物存在着,才会有创新的可能。如果事物的常态被彻底改变,那就不是变革,而是颠覆,这等于是对自身的否定。传承意味着始终维系一种常态,创新则是致力于完善这种常态。创新是一种瞬时的行为,在创新之后,需要在新的基础上构建一个新的常态。只要这个新的常态是积极有益的,就应当好好地传承下去。创新是一种手段,而非目的,持续创新的目的是更好地传承。同样,传承也不是最终目的,重视传承是为了让自身能够更有效地开拓、进取、奋斗和创新。这就是创新与传承之间对立统一的辩证关系。片面地强调创新却忽视传承,或者只强调传承而否定创新,这两种做法都是不正确的。

一

一、品《淮南子》：任何创新都必须以传承作为基础

原文

故三皇五帝法籍殊方，其得民心均也。故汤入夏而用其法，武王入殷而行其礼。桀、纣之所以亡，而汤、武之所以为治。(《淮南子·齐俗训》)

解析

三皇五帝制定的法典制度各有不同的方式，但是他们都能获得民心，这是相同的。因此商汤攻入夏朝后沿用夏朝的一些法令，周武王攻入殷商后施行殷商的一些礼制。夏桀、商纣之所以灭亡，而商汤、周武王之所以能使国家得到治理，原因就在于此。

管理之道，就像历史长河中的治理智慧，传承是稳定之锚。三皇五帝制定的法籍虽各异却皆得民心，这表现了传承核心价值的重要性。企业或组织中，例如诚信、公平等基本价值理念，以及历经实践检验的高效工作流程，都是需要传承的瑰宝。汤入夏用其法，武王入殷行礼，说明在拓展与变革时，不能全然否定已有的成熟模式与规则，应汲取其中能为己用的养分，将其融入自身管理体系，使传承成为发展的助力而非阻碍，为创新奠定坚实基础。

然而，传承并非管理的全部，创新是发展的引擎。桀纣因抱残守缺、不知变革而亡，汤武却能在继承基础上创新，成就治世。管理者必须洞察时代变迁，敏锐捕捉市场、技术、人员等方面的新需求与新趋势。当外部环境变化时，勇于突破传统管理框架，在组织架构、激励机制、产品服务等领域大胆创新，以新思维、新方法激活团队活力，满足不断变化的客户需求，从而在激烈的竞争中脱颖而出，实现管理的卓越与组织的兴盛，使创新与传承在管理的舞台上相得益彰。

二、品《荀子》：没有正确的传承，就不可能有正确的创新

■ 原文

百王之无变，足以为道贯。一废一起，应之以贯，理贯，不乱。不知贯，不知应变。贯之大体，未尝亡也。乱生其差，治尽其详。故道之所善，中则可从，畸则不可为，匿则大惑。（《荀子·天论》）

■ 解析

各代帝王都秉持的长久不变的法则，完全可以用来作为政治原则的常规惯例。国家有时衰微有时兴盛，都适应于这个一贯的政治法则。遵循这种常规惯例，国家就不会混乱。如果不了解这种常规惯例，就不知道如何应付变化。这种常规惯例的主要内容从来没有消失过。社会混乱，产生于这种常规惯例的实施出了差错；社会安定，全在于这种常规惯例的实施十分周详。所以，政治原则中那些被一般人看作为好的东西，如果符合这种常规惯例，就可以依从；如果偏离了这种常规惯例，就不可以实行；如果违反了这种常规惯例，就会造成极大的迷惑。

在管理工作中，这段话有着深刻且重要的意义。首先，管理者要明确企业运营存在着一种类似"道"的核心准则或理念，它是企业在长期发展过程中经过不断实践、沉淀下来的，比如诚信经营、客户至上、尊重员工等价值观，这些就像"百王之无变"的部分，是贯穿企业始终的精神支柱。无论企业面临何种市场变化、业务调整或内部变革，都要始终坚守这些核心准则，以其为根基去应对各种情况，才能确保企业在纷繁复杂的环境中保持方向明确，不至于迷失混乱。

其次，在面对企业制度、流程或业务模式等的"一废一起"的动态

变化时，要善于运用这些核心准则去进行合理调整与适应。例如，当企业决定开拓新的市场领域，需要制定新的业务流程时，不能脱离客户至上的原则，要确保新流程依然能够高效、优质地服务客户，这就是"应之以贯"，如此才能保证企业管理在变革中有序进行，不会因新变化而打乱整体的运营节奏。

再次，管理者自身要深刻理解并熟知这些核心准则，只有这样才能准确判断何时该顺应变化、如何去应变。如果不了解这些根本的"贯"，在面对市场竞争压力或内部管理难题时，就可能做出盲目、错误的决策，导致企业陷入困境。

最后，管理者要时刻提醒自己及团队严格遵循这些核心准则，符合准则的做法要积极推行，偏离准则的行为要坚决杜绝。就像"道之所善，中则可从，畸则不可为"所说，如果在企业决策、员工行为等方面出现与核心准则相悖的情况，如为了追求短期利益而忽视客户体验，那必然会给企业带来不良影响，甚至可能引发企业管理的"大惑"，使企业陷入混乱无序的状态。总之，管理者要以这些核心准则为导向，确保企业在不断变化的环境中治理有序、发展稳健。

三、品《诗经》：事物只要处于发展状态，就需变革与创新

■原文

周虽旧邦，其命维新。(《诗经·大雅》)

■解析

周虽然是一个古老的邦国，但它顺应天命，建立新朝。

从历史角度看，周在取代商之前已经有了较长的发展历程，是一个有着悠久历史的部落或邦国形态。这里的"旧邦"强调其历史的长久性。"其命维新"则体现出周人认识到时代变化和自身发展的需要，尽管有着深厚的传统根基，但不能因循守旧，而是要不断革新进取。这种革新包括政治制度、文化观念等诸多方面，以此来适应新的统治需求和社会发展，完成上天赋予的新使命。这种观念反映了一种在继承传统基础上勇于创新变革的积极精神。

在企业管理中，"周虽旧邦，其命维新"传达出深刻的理念。许多企业历经多年发展，积累了丰富的经验、成熟的业务模式以及稳定的客户群体，就像历史悠久的"周"。然而，市场环境瞬息万变，行业竞争日益激烈，企业如果想持续繁荣，就必须勇于创新变革，承担起"维新"的使命。

一方面，企业不能因过往的成功而故步自封。曾经辉煌的商业模式可能会随着时代变迁而逐渐失去竞争力，例如传统零售企业在电商崛起的浪潮中，如果依旧坚守旧有的门店销售模式，不积极探索线上线下融合的新零售模式，就很可能被市场淘汰。企业要敢于突破传统思维，对产品、服务、运营模式等进行创新升级，以满足不断变化的客户需求和适应新的市场趋势。

另一方面，在创新过程中也要传承企业的优良传统与核心价值。这些传统和价值是企业长期积累的宝贵财富，是企业的根基所在。比如一些老字号企业，在引入现代科技和管理理念进行创新时，依然坚守对品质的执着追求和诚信经营的理念，从而在创新中实现了品牌的传承与发展。

此外，企业的创新变革应是全方位、持续性的。从技术研发到市场营销，从组织架构到企业文化，都需要与时俱进。同时，要营造鼓励创新的内部环境,激发员工的创新热情和创造力,让企业在不断"维新"的道路上保持生机与活力,实现可持续发展,续写企业的辉煌篇章,就像周在漫长历史进程中通过革新延续其使命与影响力。

四、品《周易》:创新不是目的,而是为了更好地传承

原文

《象》曰:大畜刚健笃实,辉光日新。(《周易·大畜》)

解析

《象》说:大畜卦体现刚健厚实,辉光交映,气象日新。

任何组织与团队如果想在世间存续,都需要凭借自身蓬勃的生命力不懈创新、持续拼搏;与此同时,也要立足实际、谦逊审慎、从细微处着手,维持一种平稳的态势,循序渐进地前行。因而,创新是手段而非目的。持续创新旨在实现更好的传承,以不断完善自身。传承也非终极目的,重视传承意在使自身能够更为卓越地开拓、进取、奋斗、创新,塑造更为出众的特质与更为美好的形象。

在管理领域,"刚健笃实,辉光日新"提供了多维度的指引。"刚健"要求管理者具备坚定的信念与果敢的决策力。面对市场的不确定性与竞争挑战,不能犹豫不决、畏首畏尾。例如在开拓新市场或推出新产品时,要有勇往直前的气魄,像一位坚毅的领航者,果断地制定战略并推动团队前行。

"笃实"强调管理要扎实稳健。无论是制定企业目标、规划业务流程还是考核员工绩效,都应基于实际情况,脚踏实地。不能盲目追求虚

高的指标或跟风流行的管理模式而忽视企业自身的资源与能力。比如在财务预算管理上，要进行严谨细致的核算与预估，确保每一项支出与收入都有可靠依据，从而构建稳固的企业运营基础。

而"辉光日新"则激励管理者追求持续的进步与创新。企业不能满足于现状，要不断地自我革新与提升。管理者应鼓励团队成员积极学习新知识、探索新技术、尝试新方法，在产品研发上推陈出新，在服务质量上精益求精，使企业在市场中始终散发着独特的魅力与竞争力，就像不断打磨的宝石，日益璀璨，在行业内树立起持续进步、活力满满的形象，吸引更多的客户、合作伙伴以及优秀人才，为企业的长远发展注入源源不断的动力。

五、品《太玄经》：传承与创新是辩证的对立统一关系

■原文

夫道有因有循，有革有化。因而循之，与道神之；革而化之，与时宜之。故因而能革，天道乃得；革而能因，天道乃驯。夫物不因不生，不革不成。(《太玄经·玄莹》)

■解析

管理要有继承和遵循，也要有变革和创新。继承并遵循以往的经验与传统，就能与事物发展规律相契合而达到神妙的境界；变革并创新，就能与时代发展相适宜。所以既能继承又能变革，自然规律就能得以体现；变革之后又能有所继承，自然规律就能被顺利遵循。事物没有继承就不能产生，没有变革就不能发展成熟。

任何处于运动状态的事物均兼具传承与创新的双重特性。传承与创新呈现出既相互矛盾又彼此统一，既相互对立又共同存在的辩证关系

在管理工作中，这一理念具有极为关键的指导意义。首先，管理者要充分认识到企业有经验与传统的价值，不能盲目地全盘否定过去。过往成功的管理模式、运营流程以及企业文化中的优秀部分等，都是企业在长期发展历程中积累的宝贵财富，这些"因循"元素能为企业的持续稳定运营提供坚实基础，就像大树扎根于深厚的土壤。例如，一家老字号企业多年来秉持的诚信经营理念和精湛的手工技艺传承，就是其吸引顾客、立足市场的根基所在，管理者应继续弘扬与遵循，使其在新时代依然熠熠生辉。

然而，仅仅依赖过去是远远不够的。随着市场环境的快速变化、科技的迅猛发展以及消费者需求的日益多样化，企业必须勇于"革化"。这意味着管理者要有敏锐的洞察力和果敢的决策力，及时察觉行业变革的风向，积极推动产品创新、服务升级、管理模式变革等。例如，传统媒体企业在新媒体浪潮的冲击下，必须进行数字化转型，创新传播渠道与内容形式，才能适应时代需求，避免被淘汰。

更为重要的是，管理者要巧妙地将"因"与"革"有机结合。在变革过程中，不能将过去的一切全部抛弃，而是要取其精华、去其糟粕，让变革建立在继承的基础之上。比如企业引入新的绩效考核制度时，可以保留原制度中对员工工作态度、团队协作等方面的合理评价要素，同时融入新的与战略目标紧密结合、更具激励性的量化考核指标。只有这样，企业才能既顺应时代潮流，又保持自身特色与优势，就像在传承中创新的文化瑰宝，在市场的舞台上焕发出持久而强大的生命力，实现可持续的繁荣发展，真正遵循并驾驭管理的"天道"。

六、品《周易》：核心要素和根基必须坚守稳固，不可轻易变动

■ 原文

改邑不改井。（《周易·井》）

■ 解析

城邑可以改建迁移，但是井（代表着基本的生活资源与秩序根基）却不能移易。

邑，其含义主要指封邑、食邑，在古时是诸侯、贵族所获的封地，也是大夫的采地，并且这些封地通常会以其主人的名字来命名。这里所说的"井"并非狭义上单纯取水用的井，而是广义层面的概念。对于国君而言，"井"象征着他的国家（社稷）；对于大夫来讲，"井"等同于他的家族势力范围；对于王侯来说，"井"便是其拥有的封地；对于官员而言，"井"代表着他所负责领导与管理的区域，也就是他所依靠并且要为之服务的百姓群众；对于普通老百姓来说，"井"就是他们的家、家乡、家园，是他们深深扎根的土地，是其安身立命的根基，更是哺育他们生命的源泉所在。

一个地方的邑主具体是谁、叫什么名字，这是有可能发生改变的。比如今天这片封地被封给了张三，可到了明天，或许就会因君王的旨意而被剥夺，转而封给李四。然而，这个地方的土地、水井、生产设施等物质基础，以及在这里种田的农民、生活于此的群众，还有当地的文化、风俗、习惯等人文元素，这些都是相对固定且不会轻易改变的，也不应该被随意改变，因为它们是这片土地历经岁月沉淀下来的重要组成部分，承载着当地人们的生活记忆与情感寄托。

在企业管理中，"改邑不改井"可理解为企业在发展过程中，尽管会面临各种外在形式的变化，如组织架构的调整、办公地点的迁移、业务范围的拓展或收缩等"改邑"行为，但企业的一些核心要素与根基必须坚守稳固，不可轻易变动。例如企业的核心价值观、品牌理念以及赖以生存的核心技术或关键业务流程等就像"井"。一家以高品质产品著称的企业，无论其规模如何扩张、市场如何变化，对产品质量的严格把控这一核心准则绝不能改变，这是企业在消费者心中树立良好形象、赢得信任的根本所在。又如企业长期积累形成的诚信经营文化，即使在面临激烈竞争压力或短期利益诱惑时，也应始终坚守，因为这是凝聚员工、吸引合作伙伴的重要精神纽带。管理者在推动企业变革与发展时，要清晰地辨别哪些是可以灵活变动的"邑"，哪些是必须坚守的"井"，确保在变革中不迷失方向，维护企业的内在稳定性与可持续性，使企业在万变之中保持不变的核心竞争力与生命力。

七、品《礼记》：万物都要创新，伦理不可颠覆

原文

立权、度、量，考文章，改正、朔，易服色，殊徽号，异器械，别衣服，此其所得与民变革者也。其不可得变革者则有矣。亲亲也，尊尊也，长长也，男女有别，此其不可得与民变革者也。（《礼记·大传》）

解析

确立度量衡制度，制定礼仪规范，改变历法，变换车马、服饰所崇尚的颜色，使用不同的旗帜徽号，改良器具和兵甲，改更衣服图案纹

饰，这些是君主可以和民众一起变革的方面。而那些不能变革的方面也是有的：亲近亲属，尊重尊长，敬爱长者，男女之间有别，这些是不能由百姓随意变革的。

在企业管理情境下，此观念有着深刻的内涵与启示。从可变革的方面来看，企业在运营过程中，诸如管理制度、工作流程、绩效考核标准等类似于"立权、度、量、考文章"，这些都需要依据企业发展阶段、市场环境变化而适时调整与革新。例如，随着数字化时代的到来，企业原有的手工考勤制度可能变革为智能打卡系统，传统的纸质文件审批流程可能被线上办公软件所取代，这都是为了提高运营效率、适应时代需求而做出的有益变革，就像君主根据时代变迁改变历法等举措一样，是与时俱进的表现。

然而，企业中也存在一些不可轻易变革的核心要素。企业内部的团队文化中所蕴含的尊重前辈、关爱新员工的"亲亲"氛围，对领导权威和经验的"尊尊"认可，以及员工之间基于资历和能力的"长长"敬重，都是构建和谐稳定团队关系的重要基石。同时，企业应遵循基本的商业道德规范，在性别平等的基础上，根据男女员工不同的生理和心理特点合理安排工作岗位和职责，保障工作环境的健康和谐，这类似于"男女有别"所强调的遵循自然秩序与伦理规范。这些核心文化与伦理层面的要素是企业凝聚力与向心力的源泉，如果轻易变革，可能导致员工归属感丧失、团队协作混乱等不良后果，危及企业的根基与稳定发展。管理者需精准把握可变革与不可变革的界限，在推动企业创新进步的同时，稳固企业的核心文化与伦理根基，实现企业的长远、稳健发展。